교사 마스터링

ChurchNext ❷
교사 마스터링

초판 1쇄 | 2008년 2월 28일
8쇄 | 2018년 7월 12일
저자 | 한춘기
책임편집자 · 펴낸이 | 박신웅
펴낸곳 | 도서출판 생명의 양식
등록 | 1998년 11월 3일. 서울시 제22-1443호
주소 | 06593 서울특별시 서초구 고무래로 10-5
전화 | (02) 533-2182
팩스 | (02) 533-2185

총판 | 생명의 말씀사
전화 | (02) 3159-7979
팩스 | (080) 022-8585

교열 | 오경석
북디자인 | 이성희
ISBN 978-89-88618-23-3 03230

이 책은 저작권법에 의해 보호를 받는 출판물입니다.
기록된 형태의 저자의 허락이 없이는 무단 전재와 복제를 금합니다.
www.qtland.com

Church Next ❷
교사 마스터링

한춘기 지음

생명의 양식

발간사
'Church Next' 시리즈를 펴내면서

한국교회가 위기에 처해 있다는 경종이 계속되고 있습니다. 우리 사회에서 교회의 신인도가 크게 추락하고 있고, 무엇보다도 젊은이들이 교회를 떠나고 있으며 어린이들과 청소년들의 수가 급격하게 줄어들고 있습니다. 다음 세대의 한국교회를 생각할 때 큰 위기가 아닐 수 없습니다.

한국교회가 이러한 위기상황임에도 불구하고 우리는 여전히 한국교회를 사랑하며 교회교육을 사랑합니다. 칠흑 같이 어두운 밤에 작은 등불이 더욱 빛나는 것을 아는 우리들은 이제 다시 한국교회의 미래를 위한 희망의 씨앗을 뿌립니다. 하나님의 교회는 본질적으로 교육하는 교회여야 하고, 교육과 훈련을 통해 다음 세대를 계속하여 양성할 수 있음을 알기 때문입니다. 교회의 교육 발전을 위해서는 잘 훈련되고 구비된 교사들이 필요하고, 그들이 교육을 새롭게 할 수 있습니다.

이제 우리는 한국교회 교육의 새로운 부흥을 기대하며, 교회의 미래를 준비하는 교회학교 교사 교육과정으로 'Church Next' 시리즈를 간행합니다. 한국교회에서 학문적이고도 실천적인 기독교교육으로 잘 무장된 복음주의권 기독교교육학자들과 교육전문가들을 중심으로 성경과 신학, 기독교교육학 이론과 실천의 에센스를 뽑아 모두 8권의 시리즈로 기획, 출판합니다. 지난 23년 동안 14,000명을 훈련된 교사와 평신도 리더들을 양성하고 배출한 경험을 토대로 한국교회의 교사 양성을 위한 새로운 교육과정으로 제시합니다. 이 시리즈의 저자들은 신학과 기독교교육의 이론에서 정통하면서도 교육실천의 현장에서 오랜 경험과 축적된 경험이 교사로 입문하는 이들에게 의미있는 도움을 줄 것입니다. 이 시리즈의 여덟 권의 교재로 1년 두 학기 동안 교사들을 훈련할 수 있으며, 교사들이 개인적으로 전문교사로 성장하는 일에도 많은 도움이 될 것입니다. 이 시리즈가 한국교회 교회교육을 새롭게 하고, 교회의 다음 세대를 양성하는 일에 크게 쓰여질 것을 믿습니다.

2008년 3월

기획 · 책임편집자 _ 나삼진

머리말

20세기에 들어 서구교회는 쇠퇴의 길을 걸어왔다. 20세기 후반부터는 북미주 교회들도 서서히 몰락의 길로 들어서고 있다. 한국교회의 형편은 어떠한가? 세계 10대(大) 교회 중에 5개 교회가 한국교회이다. 그것도 순복음, 장로교, 감리교 등 교파별로 고루 분포되어 있다. 현재 상황을 외형상으로 본다면 아직까지는 괜찮은 편이다.

그러나 한국교회의 내부를 살펴본다면 이미 1990년대에 들어오면서부터 한국교회는 중요한 장로교단들의 교인수가 정체내지는 감소하고 있다. 그 내용을 보면 더욱 염려된다. 왜냐하면 장년들의 수(數)는 대체로 정체 상태를 유지하고 있으며, 대청년부는 아직까지는 활발한 편이나 유초등부와 중고등부 주일학교의 쇠퇴가 눈에 띠게 드러나기 때문이다.

교회의 역사를 보면 세계교회의 성장은 주일학교의 성장과 궤를 함께 하고 있다. 구라파 교회가 그러하였고 미국교회가 그러하였으며 한국교회도 그러하였다. 그런 면에서 이제 한국교회와 주일학교가 염려가 된다. 주일학교를 쇠락의 길에서 돌이킬 수 있는 것은 주일학교 교사뿐이다. 한국교회의 부흥과 주일학교의 부흥의 열쇠는 교사들에게 쥐어져 있다.

주일학교의 부흥은 프로그램이나 예산이나 시설에 달려있는 것이 아니라 열정이 있는 교사, 헌신된 교사에 달려있다. 이 책은 열정과 헌신으로 무장된 교사들을 능력이 있고 지도력이 있는 교사들로 양육함에 목표를 두고 저술하였다. 이 작은 책이 하나님께서 사랑하시는 어린 심령들을 가르치는 전국의 교사들을 사명감으로 무장시키는데 도움이 되기를 기도한다.

2008. 1.
그랜드 래피즈 칼빈신학교에서
저자 _ 한춘기

차 례
Contents

발간사 5
머리말 7

1장 서론
01 **21세기 주일학교 교사** 13
02 **교사에 대한 관점** 14
　세속적인 관점 | 성경적인 관점

2장 교사는 누구인가?
01 **서론** 29
　교사에 대한 기대
02 **교사의 본질** 33
　주일학교 교사상 | 교사의 본질 | 교사가 가르쳐야 할 이유
03 **교사의 자질** 43
　보편적인 자질 | 구체적인 자질

3장 교사는 누구를 가르치는가?
01 **서론** 55
　시대적 여건 | 환경적 여건
02 **철학적 관점** 59
　형이상학 | 인식론 | 가치론 | 인간관에 대한 이해
03 **사회과학적 관점** 65
　과학적 인간론 | 사회과학적 인간론
04 **성경적 관점** 71
　성경적 인간관 | 기독교교회사에 나타난 인간관
05 **성경적 관점에서의 학습자 이해** 77
　합리성을 지닌 존재 | 사회성을 지닌 존재 | 다스리는 능력과 책임을 지닌 존재

| 4장 | **교사의 목표는 무엇인가?**
　01 서론　83
　02 목표의 본질　85
　　　우선순위의 따름 | 비전에 근거 | 성취 가능성 | 측량 가능성
　03 일반적인 목표　89
　　　그리스도를 닮음 | 예수님의 제자 | 헌신된 그리스도인
　04 구체적인 목표　94
　　　지식적 성장 | 삶의 성숙

| 5장 | **교사의 리더십**
　01 서론　103
　02 리더십　104
　　　세속적 관점 | 성경적 관점
　03 성경적 리더십　111
　　　성경적 근거 | 신학적 근거
　04 교사의 영적 리더십　116
　　　'영적' 리더십 | 영적 '리더십'

| 6장 | **교사의 자기개발**
　01 서론　123
　02 교사의 자기개발의 기초　124
　　　자기개발의 목표 | 자기개발의 내용 | 자기개발의 수단
　03 교사의 성경연구　135
　　　구약성경의 개요 | 신약성경의 개요
　04 교사와 성령　141
　　　성령의 본질 | 성령의 가르치는 사역 | 교사와 성령

| 7장 | **반목회**
　01 서론　153
　02 반목회의 본질　156
　　　주일학교 교사관
　03 반목회의 목표　159
　　　성경지식의 증가 | 신앙의 성숙 | 양적 부흥
　04 반목회의 방법　167
　　　영적인 교사되기 | 헌신과 섬김의 마음 | 인격적으로 대우함 | 개인에 대한 관심

 1장

서론

주일학교 교사는 누구인가? 맡겨진 반학생들과 함께 주일학교에서 매주 한두 시간을 보내는 사람인가? 혹은 복음을 듣기 원하는 반학생들에게 성경지식만을 전하는 사람인가? 아니면 저들의 영혼을 사랑하고 영적 성장을 위하여 뜨거운 마음을 가지고 가르치는 사람인가? 교사의 위치, 사역, 헌신의 정도에 따라서 가르치는 반학생들의 미래가 달려있다고 생각해 본적이 있는가? 주일학교 교사는 주일학교 교육의 성패를 좌우하는 존재라고 생각해 본적이 있는가? 주일학교 교사는 주일학교와 주일학교 학생들 모두에게 중요한 존재이다.

다른 예를 생각해보자. 가족이나 친한 사람이 중병에 걸려 수술을 해야 한다고 생각해보자. 어떤 병원을 선택할 것인가? 그 무엇보다 의술이 좋은 의사가 있는 병원을 선택할 것이다. 그 이유는 무엇일까? 질병의 치료에는 의술이 좋은 의사가 필요하기 때문이다. 질병의 치료에는 최신의 건물이나 의료기기 그리고 의사와의 친밀감보다도 병을 정확하게 진단하고, 경험이 많고, 치료능력이 있는 의사가 중요하기 때문이다. 의료행위에 있어서 의사라는 인간적인 요소가 중요한 것과 마찬가지로 교육행위에서 교사라는 인간적인 요소는 매우 중요하다.

초등학교나 중고등학교 학생들의 부모는 자녀들이 좋은 학교에 진학하여 공부하기를 원한다. 그들이 말하는 좋은 학교의 기준은 무엇인가? 그리고 학원을 선택할 때도 좋은 학원을 선택하려고 한다. 그들이 말하는 좋은 학원의 기준은 또 무엇인가? 아무리 중등학교의 평준화가 이루어졌다고 하더라도 여전히 학생 자신이나 학부모들이 선호하는 학교들이 있다. 그들은 어떤 학교를 선호하는가? 잘 가르치는 교사들이 많은 학교, 학교의 분위기가 좋은 학교, 더 나아가 대학진학률이 높은 학교를 선호한다. 사용하는 교재가 다르고 교육환경이 다르다고 할지라도 학교선택의 기준은 가르치는 교사의 능력이 될 것이다.

일반교육에서는 교사의 중요성을 매우 강조한다. 그러나 주일학교에서는 교사에 대한 중요성을 어느 정도로 의식하고 또 강조하고 있는가? 교사의 중요성에 대한 나의 평가는 어느 정도인가? 주일학교 교사의 중요성과 역할은 세상의 어느 일반교육에서 보다 더 강조되어야 한다. 왜냐하면 일반교육이 지식의 전수와 가치관의 전수를 강조하기 때문에 학과목에 관한 전공지식이 많으면 되지만 교회교육이나 주일학교 교육은 성경지식의 전수와 가치관의 전수만이 아니라 영성의 전수도 중요한 요소이기 때문에 교사는 매우 중요한 요소가 된다. 그러므로 주일학교 교육에 있어서 제일 중요한 것은 영적이고, 헌신적이고, 열정적인 '교사' 곧 '사람'이다.

1. 21세기 주일학교 교사

　21세기 주일학교 교사들의 세속 직업이 무엇이든, 연령층이 어떠하든, 신앙경륜이 어떠하든 그들은 대체적으로 비슷한 특징을 갖고 있다. 그 특징들을 살펴보자. 첫째로, 21세기 주일학교 교사들은 매우 바쁘고 개인주의적이다. 그래서 어떤 교사들은 교사의 직(職)을 맡아준 그 자체로 성도의 의무를 다하는 것으로 생각한다. 곧 마음으로부터의 헌신이 결여되어 있는 경우가 많다. 둘째로, 세상의 삶에서 그리고 교회생활에서 매우 성공 중심적이다. 주일학교에 대한 헌신보다는 개인적인 명예와 인정받기를 더 추구한다. 신앙인으로서의 삶보다 세상적인 가치를 더 추구한다. 교회에서도 직분이나 직책을 벼슬이나 성취의 대상으로 생각하므로 그 직분을 맡은 이후에는 신앙의 모범이 아니라 실망을 보일 때가 많다. 셋째로, 맡은 일에 전심전력을 하지 않는다. 이러한 특징은 신앙생활에서의 헌신이 약하여진 것에서 온다. 시간의 헌신도 부족하고, 물질의 헌신도 부족하고, 재능의 헌신도 부족하기 때문이다. 넷째로, 성경에 대한 지식이 부족하다. 현대 사회는 그 구성원들에게 예전보다 훨씬 많은 시간과 재능을 요구하기 때문에 교사들도 생업을 유지하기 위해서 부단히 노력해야 한다. 그 결과 성경을 읽거나 암송하거나 묵상하는데 바치는 시간이 부족하여 자연히 성경지식이 부족하게 된다.
　현대교회의 주일학교 교사는 21세기 교회에 속하여 있다. 인간중심의 사회는 시대에 따라 가치관이 달라지지만 하나님중심의 교회는 구성원은 변해도 교회의 가치관과 신앙은 변하지 않는다. 21세기 교회와 1세기 교회에 공통점이 있다. 곧 신앙의 대상이 모두 하나님이라는 점에서 같다. 그리고 신앙의 목적도 하나님을 영화롭게 하고 즐거워하는 것이라는 점에서 같다. 이와 더불어 21세기 교회와 1세기 교회 간에는 상이점도 있다. 곧 복음전파의 수단이 다르다. 곧 예수님과 사도 바울 때는 말로써 전하고 가르쳤지만

21세기에는 말 이외에 서적, 텔레비전, 라디오, CD·DVD, 인터넷 등을 이용하기도 한다.

교회사역은 복음전파, 교육, 그리고 교제를 중심으로 한다. 특히 교육사역을 통하여 이루고자 하는 것은 다음의 네 가지다. 첫째, 기독교적 자아정체성을 정립하도록 하며, 둘째, 다른 사람들과 함께 더불어 사는 공동체의식을 키우며, 셋째, 하나님 나라에 대한 비전을 갖고 그리스도인으로서의 역사적 책임을 수행하도록 역사의식을 소유하게 하며, 넷째, 기독교적 환경의식을 갖도록 한다.

이와 더불어 21세기 주일학교 교육이 가야 할 방향으로는 다음과 같은 점들을 제시할 수 있다. 첫째, 인간의 존엄성에 근거한 비평적 사고와 분별력 있는 선택 그리고 책임감 있는 행동을 하는 능력을 갖춘 인간화 교육, 둘째, 인간화의 기초가 되는 복음화와 제자화 교육, 셋째, 인간생명의 존엄성 그리고 나눔과 섬김의 가치를 공동체의 삶을 통해 제공하는 문화화 교육, 넷째, 하나님 나라에 기초한 참여적 세계이해를 돕는 역사화교육이다.

다른 시대와 마찬가지로 21세기에도 주일학교 성장의 원동력이 교사라는 점에서 주일학교 교사의 중요성은 강조된다. 미어즈(Henrietta Mears)는 주일학교가 성장하는 원인의 90퍼센트는 교사에게 달려있다고 말하며, 게블라인(Frank E. Gaebelein)은 "그리스도인 교사가 없으면 기독교교육도 없다"고 하였다.

2. 교사에 대한 관점

주일학교 교사의 사역은 다음과 같이 정리할 수 있다.

첫째, 반학생들에게 미래에 대한 비전을 심어주고, 둘째, 어려운 환경 가운데서도 반학생들로 하여금 용기를 갖게 하고, 셋째, 그들이 세상을 살아가는데 필요한 지식을 전수한다.

이러한 사역을 책임지는 교사는 누구인가? 그에 대한 대답은 다양하다. 그 이유는 성경적 관점을 소유하느냐 혹은 세속적 관점을 소유하느냐에 따라 다르고 또한 세속적인 관점 중에서도 어떤 관점을 지니느냐에 따라 다르기 때문이다.

세속적인 관점

'교사는 누구인가' 라는 질문에 대한 답에 영향을 미치는 요소를 먼저 생각해보자. 여기에는 두 가지 요소가 있는데 하나는, 인간이란 누구인가라고 묻는 인간관이다. 이러한 인간관에 대해서는 3장(章) "교사는 누구를 가르치는가"에서 다시 다룰 것이다. 그리고 다른 하나는, 교육이란 무엇인가라고 묻는 교육의 본질에 대한 정의다. 교육의 본질을 말할 때 제시되는 정의에 따라서 교사는 누구인가에 대한 대답은 달라진다. 교육의 정의에 근거하여 교사에 대한 세속적인 관점을 살펴보려고 한다. 먼저 교육의 정의를 개략적으로 살펴보자.

삶을 위한 준비

첫째로, "교육은 삶을 위한 준비"라는 정의다. 교육이란 출생할 때부터 시작되는 삶에 대한 준비 작업임을 의미한다. 매우 설득력이 있는 정의처럼 보인다. 그러나 이 정의는 그 자체에 모순점을 가지고 있다. 이 정의는 교육받는 기간의 인생은 삶이 아니라는 의미가 포함되어 있다. 또한 이 정의에서 사용된 삶이란 단어자체도 모호성을 가지고 있다. 여기서 말하는 삶의 본질이 무엇을 의미하는지가 분명치가 않기 때문이다. 이러한 정의를 주장하는 사람들에게 다음과 같은 질문할 수 있다: "인생의 어느 시기부터 삶이라고 말할 수 있는가?" 그러나 분명한 것은 사람의 삶은 태어나면서부터 시작된다는 점이다. 그러므로 교육을 정의하면서 삶을 위한 준비라고 말하는 것은 모순이다.

교육은 시민이 되기 위한 준비

둘째로, "교육은 시민이 되기 위한 준비"라는 정의다. 이 정의도 위의 첫째 정의에서와 같은 모순점이 있다. 구체적으로 말하면 서울에서 태어난 어린아이는 언제부터 서울시민인가? 태어나는 순간부터인가? 혹은 인간으로서의 의식 활동을 시작할 때부터인가? 혹은 초등학교에 진학하는 순간부터인가? 혹은 투표권을 행사할 수 있는 나이부터인가? 혹은 서울시민으로서 납세의 의무를 행하는 때부터인가? 혹은 여기에서의 시민은 의무와 권리를 올바로 행사할 수 있는 능력을 가진 사람을 의미하는가? 만일 그렇다면 의무와 권리를 올바로 행사하는 기준은 무엇인가? 따라서 이 정의는 많은 문제점을 내포하고 있다.

관념, 가치 및 지식의 전달

셋째로, "교육은 이전 세대가 다음 세대에게 기존의 관념과 가치 그리고 지식을 전달하는 것"이라는 정의다. 이 정의는 다음 세대의 지식이 이전 세대의 지식보다 더 확대될 수 없음을 함의한다. 일례(一例)를 생각해보자. 전기가 발전소에서 변전소를 거쳐 가정으로 전송(傳送)되는 동안 그 전기의 양은 줄어들기는 해도 늘어나지는 않는다. 팔당저수지에서 정류된 물을 수도관을 통하여 가정으로 배달하는 과정에서 많은 양의 물이 누수가 된다. 실제로 2005년 서울에서 수도관의 노후로 말미암아 새는 수돗물의 비율은 14.8%에 이른다. 이는 수도관을 통하여 흐르는 동안 누수로 인하여 물의 양이 14.8%가 줄어든다는 말이다. 이렇게 수돗물의 양(量)은 각 가정으로 흘러가는 동안 누수가 되어 줄어들기는 해도 늘어날 수는 없다.

마찬가지로 교육이 기존의 관념이나 가치 그리고 지식을 다음 세대에 전달하는 것이라면 인류의 문화는 시대가 지나갈수록 발달하기보다 퇴보하게 될 것이다. 그러나 인류문화는 꾸준히 발전해왔고 또 발달하고 있다. 그러므로 교육을 인간의 관념, 가치, 그리고 지식의 전수로 보는 것은 타당하지 않다. 그러므로 교육은 교사 자신이 알고 지지하는 관념이나 가치 그리고 지식을 단순히 전수하는 것은 아니다.

하나의 과정

넷째로, "교육은 하나의 과정"이라는 정의다. 이는 결과의 중요성을 경시하는 정의이다. 교육은 하나의 과정일 뿐 아니라 결과를 산출하는 행위이기 때문이다. 교육을 교수-학습 과정이라고 말하는 것은 이러한 교육의 한 측면을 강조한 것이지 교육에 대한 포괄적인 정의는 아니다. 교육의 결과로 지식인 혹은 지성인(educated)이 배출된다. 여기서의 'educated'는 교육행위(educate)의 결과이다. 교육을 하나의 과정으로만 생각하는 것은 교육의 이상이나 목표를 부정하는 것과 마찬가지다. 따라서 교육을 시행하는 교사는 교육과정을 실천하는 사람일 뿐 아니라 이상과 목표를 향하여 노력하는 사람이다.

삶

마지막으로 듀이(John Dewey)와 진보주의 교육이 주장하는 "교육은 삶"이라는 정의다. 이 정의의 장점은 교육의 실천을 강조하는 것으로 진보주의나 실용주의의 강조점을 그대로 보여준다. 그러나 이 정의는 교육이란 단어 대신에 삶이란 단어를 대체(代替)함으로써 교육개념에 대한 논쟁을 잠시 연기한 것에 지나지 않는다. 여기에서 유추되는 질문은 "삶이란 무엇인가?"인데 이에 대한 대답을 추구하는 것은 어쩌면 "교육이란 무엇인가?"라는 질문보다 대답하기 더 어려운 명제(命題)이다. 그리고 교육은 단순히 삶만을 포함하는 것은 아니다. 주지주의(主知主義)가 강조하는 것처럼 지식의 전수도 포함한다. 그러므로 교육을 삶이라 말하는 것은 교육에 대한 부분적인 정의에 불과할 뿐이다.

교육에 대한 세속적 정의의 문제점은 성경의 가르침처럼 인간이 하나님의 형상과 모양으로 창조됨을 외면하고 무시함에서 연유한다. 사람이 피조물이라는 점에서는 다른 피조물과 같으나 하나님의 형상으로 창조되었다는 점에서는 다른 피조물과 차이가 있다. 그러므로 주일학교 교사는 반학생들에게 하나님의 형상과 모양으로 창조된 피조물로서 그리고 하나님을 영화롭게 하고 그를 즐거워해야 할 의무를 지닌 존재로서 어떻게 행동해야 할 것인가를 가르쳐야 한다.

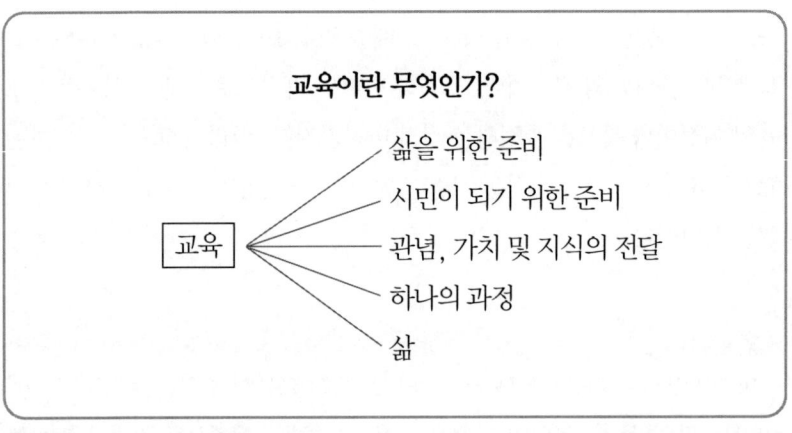

한편, 철학자 가운데 소크라테스(Socrates, 470-399 B.C.)는 교사를 지식의 전수자로 보기보다 학습자들이 진리를 의식하도록 인도하는 자로 본다. 그는 사람은 태어날 때부터 모든 지식을 가지고 태어나는 것으로 보기 때문이다. 이러한 교사관은 그의 철학 관념론(Idealism)에서 온다. 사람이 태어나면서부터 가지고 있는 지식은 사람의 의식 속에 있는 것이 아니라 무

△ 소크라테스

의식 속에 존재하는데 이러한 학습자들의 무의식 속에 위치한 지식을 의식 세계로 이끌어내는 주체가 교사라고 본다.

소피스트들에 따르면 교사는 모든 것에 대한 지식을 가지고 있다. 그래서 교사는 지식을 공급하는 대가로 많은 교육비를 학습자들로부터 받는다. 중세의 주지주의 철학의 관점에서의 교사도 자신이 알고 있는 지식을 후세대들에게 전수하는 자이며, 자신이 가지고 있는 방대한 지식을 강의를 통하여 전달하는 권위적인 존재이다.

자연주의와 낭만주의에 있어서의 교사는 양육자의 역할을 하는 사람이다. 비유로 표현하자면 '정원사'와 같다. 정원사가 식물의 성장에 방해가 되는 요소를 제거하여 식물이 자라게 해주는 것처럼 양육자인 교사는 가르침에 방해가 되는 요소들을 제거해주는 역할을 함으로써 학습자가 성숙하도록 돕는다. 여기에서 교사의 역할을 '정원사'로 비유하는 것은 인간성이 선(善)하다는 것을 전제로 한다. 이러한 정의의 문제점은 꽃과 인간의 본질이 다르다는 것을 간과함에서 온다. 외적인 환경에 따라 자라는 꽃이나 나무와는 달리 사람은 죄인의 성향과 의지를 가지고 태어난다. 바울이 말한 에베소서 2: 1("너희의 허물과 죄로 죽었던 너희를 살리셨도다")은 인간의 마음이 태생적으로 악함을 지적한다. 따라서 자연주의나 낭만주의에서 말하는 성선설은 성경의 인간관과 배치(背馳)된다.

실용주의에서 말하는 교사는 미래에 경험하게 될 문제를 해결할 수 있는 능력을 개발하도록 경험을 체계적으로 조직해서 제공하는 사람이다. 이는 문제해결 능력의 배양이라는 관점에서는 매우 효과적이지만 창조적인 지성의 개발이라는 관점을 간과하고 있다. 사람은 이성을 지닌 존재이다. 그러므로 학습자들이 어떤 경험에 단순하게 반응하도록 가르치는 것보다 지식의 전수와 원리를 이해하도록 가르쳐야 한다.

성경적인 관점

주일학교 교사는 예수 그리스도로부터 가르치는 권위와 직분을 위임 받았다. 교사의 원형이 되시는 예수님의 가르침은 서기관이나 바리새인과 달리 "권위(권세)"가 있었다. 마태는 이를 설명하기를 "이는 그 가르치시는 것이 권세 있는 자와 같고 저희 서기관들과 같지 아니함일러라"(7:29)고 하였다. 권세를 가지신 예수님께서 대위임령을 제자들에게 주신 것은 예수님의 가르침의 직분과 더불어 권위를 제자들에게 부여(賦與)하시기 위함이다.

초대교회 때의 가르치는 사역은 세움을 받은 지도자들 곧 "사도, 선지자, 복음전하는 자, 그리고 목사와 교사"(엡 4:11)로 이어졌다. 사도 바울 당시의 교회지도자 직분 중에서 지금도 존재하는 것은 "목사인 교사"이다. 성경에서 말하는 "목사와 교사"의 의미는 목사와 교사라는 다른 두개의 인격체를 말하는 것이 아니고 목사이면서 동시에 가르치는 교사를 의미한다.

에베소서 4:11의 "목사인 교사"란 용어의 의미는 목회자는 설교만 하는 사람이 아니라 가르치는 사람이 되어야 한다는 점이다. 그러나 현대교회에서의 사역은 다변화되어 교역자들의 책임도 세분화되었다. 목회자는 설교하는 일, 가르치는 일, 전도하는 일, 심방하는 일 등 다양한 사역에 대한 책임을 갖지만 개교회의 상황에 따라 사역을 나누게 되는데 교사의 가르치는 사역은 원래 목회자의 사역이지만 사역의 세분화의 결과로 주일학교 교사들에게 위임된 것이다.

이러한 주일학교 교사의 사역의 성격은 삼중(三重)으로 설명할 수 있다. 이것은 그리스도의 왕, 선지자, 그리고 제사장이라는 삼중직(三重職)에서 유래한다. 예수님으로부터 사역을 위임받은 교사는 예수님의 이 세 가지 직분을 수행해야 할 권리와 책임이 있다. 주일학교 교사가 갖고 있는 이러한 삼중직을 하나씩 살펴보자.

왕적 직분

교사는 왕적 직분을 가진 사람이다. 왕적 직분이란 권위를 행사하여 명령을 할 수 있는 지위를 말한다. 이러한 왕적 직분을 주일학교 교사에게 어떻게 적용할 수 있을까? 교사의 어떠한 사역이 이 직분에 속한 사역으로 분류될 수 있을까?

교사의 일상적인 사역에서 본다면 학업목표를 설정하고, 학습자들에게 성경구절을 암송하게 하고, 행동기준을 제시하고, 교회 안에서 지켜야 할 기본 규칙을 만드는 것이다. 교사는 학급내의 질서유지와 학업분위기의 조성을 위하여 그의 왕적 권한을 행사한다. 그러나 이러한 왕적 권한은 교육적이며 합당한 권한행사이어야 함을 전제(前提)한다. 교사가 왕적 지위를 가지고 권한을 행사하더라도 지나치게 되면 왕적 직분의 행사가 아니라 직권의 남용이 된다.

교사의 권위는 가르침을 통하여, 지시하는 말을 통하여, 모든 행동을 통하여 행사된다. 반학생들을 가르칠 때 교사에게 필요한 권위는 가르치는 내용, 사용하는 언어, 행동에 근거한다. 그러므로 교사의 가르침이 부실하면 권위를 상실하게 된다. 교사가 권위를 가지려면 먼저 가르치는 내용인 성경에 대한 해박한 지식을 가져야 한다. 그리고 사용하는 언어, 행동 등이 교사로서의 체통을 지키지 못하고 천박하게 되면 아무리 좋은 내용을 교수하더라도 교육적인 효과를 얻기가 어려울 뿐 아니라 그 권위도 상실하게 된다.

주일학교 교사들 가운데서도 교사의 이러한 왕적 직분을 포기하는 경우들이 많이 있다. 이러한 경우는 교사 자신을 단순한 학습의 촉진자(facilitator)로 생각하여 교사의 왕적 직분을 스스로 포기한다. 교사는 반학생들이 알아야 할 성경지식을 가르쳐 알게 하고 지키게 해야 한다. 이는 교사의 권리이며 동시에 의무인 것이다.

소크라테스의 철학이 주장하는 것처럼 사람은 모든 지식을 무의식 속에 가지고 태어나는 것이 아니다. 하나님을 알기 위해서는 성경을 배워야 하고, 하나님을 잘 알아야 하나님을 잘 섬기고 기쁘게 할 수 있다. 자연주의 철학에서 주장하는 것과 같이 사람은 선하게 태어나는 것이 아니라 하나님의 긍휼과 그리스도의 속죄사역을 필요로 하는 죄인으로 태어난다. 세상의 모든 사람들 특히 주일학교 반학생들이 구원의 새 생명을 얻기 위해서는 "유일하신 참 하나님과 그가 보내신 자 예수 그리스도를 아는"(요 17:3) 지식이 필요하다. 이러한 지식의 전수는 교사의 왕적 권한이다. 주일학교 교사로서 내가 가르치는 어린이들이 알아야할 지식이 무엇임을 알고 있으며, 그들이 이해할 수 있게 전하고 있는지를 생각해보자.

선지자적 직분
교사는 선지자적 직분을 가진 사람이다. 선지자의 직분이란 하나님의 뜻을 선포하고, 그 뜻에 불순종하는 자에게 임할 하나님의 진노를 선포하는 지위를 말한다. 구약시대의 선지자는 하나님의 편에서 하나님의 뜻을 백성들에게 선포하는 사람이었다. 그러나 시대마다 하나님의 백성들이 하나님의 뜻대로 행하기보다 배반하는 삶을 살았기 때문에 선지자들은 불순종하는 그들에게 하나님의 진노를 외칠 수밖에 없었다. 그래서 선지자들은 백성들에게 복이 아니라 하나님의 진노를 선포하는 사람으로 인식되어 이스라엘 백성들에게 무서운 존재로 비춰졌다.

이러한 선지자 직분을 주일학교 교사에게 어떻게 적용될 수 있을까? 교사의 어떠한 사역이 선지자 사역으로 분류될 수 있을까? 주일학교 교사의 구체적인 사역에서 볼 때 그리스도인으로서 행하여야 할 것과 하지 말아야 할 것을 가르치고, 가르친 그대로 하였을 때 주어지는 상(賞)과 그대로 하지 않았을 때 받게 되는 벌(罰)을 미리 알려주는 일이 선지자적 사역이다.

선지자적 직분을 가진 교사는 반학생들에게 그들이 무엇을 해야 하며 무

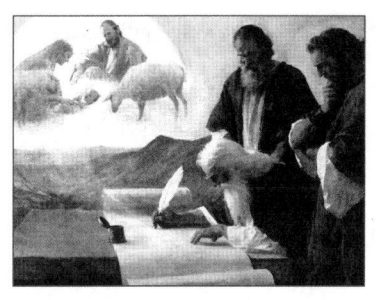
△ 선지자 이사야

엇을 하지 말아야 할 것인지를 가르쳐 주어야 하고 그에 따른 상(賞)과 벌(罰)을 보여주어야 한다. 이 때 상과 벌은 미리 제시한 기준에 도달하였느냐 하지 못하였느냐에 근거해야 한다. 그렇지 않고 그때그때의 교사 기분 여하에 따라 상과 벌의 시행기준이 달라지면 교사로서의 권위를 훼손당할 뿐 아니라 직분의 남용이 된다. 상을 주어야 할 때 상을 주지 않는다던가 벌을 주어야 할 때 벌을 주지 않는 것은 교사로서의 선지자적 직분을 망각하는 것이다. 주일학교 교사는 자기에게 맡겨진 반 학생들에게 하나님의 뜻을 가르쳐 알게 해야 한다. 그 이유는 축복과 경고에 관한 하나님의 뜻을 가르치는 의무와 권한이 교사에게 있기 때문이다.

일부 주일학교 교사들은 축복에만 관심을 두고 죄에 대한 지적이나 그 결과로 따르는 경고와 징계에 대하여 가르치기를 소홀히 한다. 예를 들면, 교사에 대한 비유로써 용기를 북돋우는 사람(encourager)을 강조하고 긍정적인 피드백(feedback)을 주는 사람으로 강조하여 상(賞)을 베풀기만 좋아하는 것은 옳지 않다. 인류역사에서 최고의 지혜를 지녔던 솔로몬 왕은 "내 아들아 여호와의 징계를 경히 여기지 말라 그 꾸지람을 싫어하지 말라 대저 여호와께서 그 사랑하시는 자를 징계하시기를 마치 아비가 그 기뻐하는 아들을 징계함 같이 하시느니라"(잠 3:11-12)고 하였다.

제사장적 직분

교사는 제사장적 직분을 가진 사람이다. 제사장적 직분이란 하나님의 백성들의 잘못과 부족함을 대신하여 늘 하나님께 기도를 드리는 지위이다. 구약의 제사장은 백성들의 죄를 대신하여 하나님께 나아가 그 죄를 용서를 받기 위하여 제사를 드렸다. 이러한 제사장적 직분이 그리스도인 교사에게 어떻게 적용될 수 있을까? 교사의 어떠한 사역이 제사장적 사역으로 분류될 수 있을까?

교사의 일상적인 사역에서 본다면 첫째, 자신이 가르치는 진리대로 살아 반학생들에게 영적인 모본이 된다. 둘째, 자신이 가르치는 어린이와 십대들을 위하여 늘 하나님께 간구한다. 셋째, 반학생들이 말씀대로 살 수 있도록 하나님의 말씀을 가르치기를 힘쓴다.

주일학교 교사로서 나는 자격이 있는가를 돌이켜 보자. 초 중등학교의 교사가 되려면 교사자격증이 있어야 한다. 그런데 초·중등학교 교육보다 더 중요하고 힘든 영적 교육을 담당하는 주일학교 교사인 나는 어떤 자격증을 가지고 있는가?

근래에는 중요한 교단과 교회들이 교사대학이나 교사양성과정을 두어서 주일학교 교사가 되기 원하는 성도들이 합당한 자격을 구비할 수 있도록 준비시키고 있다. 그러나 대부분의 교단이나 교회들이 이러한 과정을 두고는 있으나 스스로 정한 규칙대로 시행하는 경우는 많지 않다. 바울 사도는 디모데에게 교회의 지도자를 세울 때 "사람들을 먼저 시험하여 보고 그 후에 책망할 것이 없으면 집사의 직분을 하게 할 것"(딤전 3:10)이라고 권면하였다. 봉사하는 집사의 직분보다 더 중요한 교사의 직분을 맡길 때 '먼저 시험하여 보고' 난 후에 '교사직을 맡기고' 있는 교회가 얼마나 될까? 이미 주일학교 교사직을 감당하는 있는 나는 이러한 시험을 통과할 수 있을까를 생각해보자.

교사로서 자신의 사역을 하나님께서 받으실 만한 향기와 제물이 되도록 하는 것이 주일학교 교사의 제사장적 사역이다. 학습자들을 즐겁게 하는 가르침이나 자신의 성취감을 위한 사역이 아니라 하나님께 영광과 기쁨을 드리는 사역이어야 한다. 오랫동안 주일학교에서 가르친 교사들은 한 주간 동안 자신이 맡은 아이들을 위하여 기도하고 성경말씀을 준비하여 아이들을 가르칠 때와 한 주간 내내 바쁜 일에 밀려서 허둥지둥 지내다가 아이들을 가르칠 때의 차이를 느낀 적이 있을 것이다. 가르치는 학습자들을 위한 공부준비와 기도는 교사의 제사장적 사역에 속한다. 주일학교 사역의 핵심은 프로그램이나 이벤트의 진행이 아니라 기도이다.

이러한 제사장적 직분을 지닌 주일학교 교사는 영적으로 성숙해야 한다. 그리고 주일학교에서도 미션스쿨이나 기독교학교 못지않게 성숙하고 헌신된 교사를 선발해야 한다. 그것이 가장 바람직하지만 주일학교라는 특수성을 고려할 때 영적 성숙에 대한 요구가 미션스쿨이나 기독교학교에 미치지 못한다. 여러 이유를 찾아볼 수 있다.

첫째 이유는, 주일학교 교사는 교회에서 교사의 직분과 함께 성도라는 직분을 가지고 있기 때문이다.

둘째 이유는, 교사의 자질기준과 교회의 현실은 다르기 때문이다. 영적으로 성숙한 사람만이 교사가 되어야 한다는 생각은 타당하고 올바르다. 그러나 문제는 교회의 현실이다. 영적으로 성숙한 사람을 주일학교 교사로 선발하는 것은 비록 이상적인 생각이기는 하지만 그러한 사람이 교회에 얼마나 있느냐가 문제이다. 그래서 영적으로 성숙하지 못한 사람도 어쩔 수 없이 교사로 세우게 된다.

셋째 이유는, 영적으로 부족한 사람도 교사로 섬김을 통하여 성숙해질 것을 기대하고 그렇게 된다면 교회전체로 볼 때도 성도의 성숙이라는 관점에서 그리고 주일학교 교사의 확보라는 점에서 큰 유익이 되기 때문이다. 물론 주일학교 교사사역을 통하여 많은 사람들이 성숙해가는 것도 사실이다. 그러나 여기에서 놓치지 말아야 할 것은 한 사람의 교회일꾼을 세우기 위하여 많은 후세대들이 영적 교육을 제대로 받지 못하게 된다는 점이다. 영적으로 잘 무장된 교사가 교육한다면 그들을 훌륭한 미래의 교회와 사회의 지도자로 키울 수가 있는데 성숙하지 못한 교사가 교육함으로써 주일학교 반 학생들이 영적으로 성숙할 기회를 놓치게 된다는 것이다.

미국 뉴욕에 있는 한인교회에 다니는 40대의 한 집사부부의 사례이다.

이 부부는 아직도 그들이 30년 전 중학생이었을 때 지도하던 전도사님에 대하여 이야기를 한다는 것이다. 이 부부는 고국을 떠나 미국에서 이민생활을 하고 있지만 자주 그들을 영적으로 지도해주시던 전도사님에 대하여 이야기를 하면서 위로와 힘을 얻는다고 한다. 왜 그들이 많은 사람들 중에서 자신들의 중등부 시절의 전도사님을 생각하고 있을까? 아마도 가장 영적인 감수성이 강한 어린 십대시절에 같이 말씀을 나누고, 영적인 교제를 하며, 인격적인 관계를 가졌기 때문이 아닐까 생각한다. 지금 우리 주위에서도 이와 같은 실제적인 예들을 많이 볼 수 있을 것이다. "사람들을 먼저 시험하여 보고 그 후에 책망할 것이 없으면 집사의 직분을 하게 할 것"(딤전 3:10)이라는 위에서 인용한 사도바울의 말씀대로 사람들을 시험하여 보고 책망할 것이 없을 때 교회지도자로 세우라는 교훈을 기억해야 한다.

✣ 학습 문제

1. 21세기 주일학교 교사들의 특징을 설명하시오.

2. 교회가 교육사역을 통하여 이루고자 하는 것이 무엇인지 설명하시오.

3. 주일학교 사역을 통하여 이루려는 것은 무엇인지 설명하시오.

4. 주일학교 교사의 중요성에 대하여 설명하시오.

5. 주일학교 교사의 사역을 세 가지로 정리해 보시오.

6. 주일학교 교사의 사역을 설명하시오.

7. 성경적 관점에서 주일학교 교사에 대하여 설명하시오.

8. 교사의 어떠한 사역이 제사장적 사역으로 분류될 수 있는지 설명하시오.

9. 주일학교 교사가 기독교학교 교사 보다 영적 성숙에 대한 요구가 약할 수 있는 이유를 설명하시오.

 2장

교사는 누구인가?

1. 서론

교사에 대한 기대

교회와 주일학교는 교사에 대하여 무엇을 기대하고 있을까? 주일학교 학생들에게 무엇을 가르치고 어떤 사람이 되도록 가르치고 있을까? 장년 성도들이 주일학교 교사들에게 요구하고 기대하는 것은 무엇이며, 담임 목회자는 주일학교 교사들에게 무엇을 기대하여 그들을 교사로 임명하였을까를 생각해보자.

말씀에 대한 지식전수를 기대한다

물론 말씀에 대한 지식전수가 유일한 기대는 아니다. 그 이유는 주일학교 교사를 포함한 모든 교사는 교수내용을 가르치기보다 사람을 가르쳐야 하기 때문이다. 그러므로 성경지식전수는 교사에 대한 여러 기대 중 하나에 불과하다. 따라서 주일학교 교육은 가르치는 내용을 담은 교재가 어떤 교재인가 하는 것보다 가르치는 사람이 어떤 사람인가 하는 것이 더 중요하다.

예수님께서 주신 권위를 가진 사람이기를 기대한다

예전의 말에도 군사부일체(君師父一體)라는 말이 있다. 교사는 왕과 부모들과 같은 존경과 권위를 가짐을 말한다. 따라서 학교나 주일학교의 교사는 부모의 대리인이다. 구약시대에는 부모가 자녀들을 가르쳤다. 그러나 지금은 부모가 자녀들을 가르치지 못한다. 그 이유는 :

- 교육내용이 전문화되었기 때문이다.
- 부모들이 바빠서 가르칠 시간이 없기 때문이다.
- 부모는 자신의 자녀들을 가르치기가 어렵기 때문이다.

하나님의 사람이기를 기대한다

주일학교 교사는 일반지식이 아니라 하나님의 말씀인 성경을 가르치는 사람이다. 또한 지식을 가르치는 것을 넘어서 신앙을 지도하고 영적 성숙을 인도하는 사람이다. 그래서 지식만을 소유한 사람이 아니라 영적인 사람이기를 기대한다.

가르치는 방법을 잘 아는 사람이기를 기대한다

중세에 이르기까지 교육에 대한 관심은 주로 전수하는 내용에 있었다. 그러나 근세에 들어 어린이에 대한 이해가 새로워짐을 계기로 아동중심의 교육을 하게 되었고 자연히 교육방법에 대하여 관심이 집중되었다. 특히 20

△ 피아제

세기에 들어와서는 "발달이론의 세기"라고 할 만큼 다양한 영역에서 발달이론에 대한 관심과 정립이 이루어졌다.

20세기에 제시된 몇 가지 대표적인 발달이론은 다음과 같다.

첫째, 인지발달이론이다. 스위스의 생물학자이며 심리학자인 피아제(Jean Piaget, 1896-1980)는 구조주의 이론가로서 아이들의 사고가 어른들의 사고와 다른 것은 사람의 인지능력의 발달에 따른 것이라는데 착안하여 인지발달이론을 제시하였다.

둘째, 도덕성발달이론이다. 피아제가 인지능력에 관심을 가지고 연구한 것과 비슷하게 하버드 대학의 콜버그(Lawrence Kohlberg, 1927-1987)는 20년간의 연구조사를 통하여 도덕성발달을 설명하는 구조적 발달이론을 제시하였다. 심리학 분야에서의 이러한 발달이론들은 20세기의 교육 분야의 발달이론에 큰 영향을 미치게 되었다.

셋째, 신앙발달이론이다. 1981년 파울러(James Fowler, 1940-)는 "신앙의 단계"(Stages of Faith: The Psychology of Human Development and the Quest for Meaning)라는 저서의 출판을 통하여 심리학과 교육의 관심분야인 발달이론을 종교에 적용하여 신앙발달의 이론으로 정착시켰을 뿐 아니라 신앙발달이론을 기독교교육 분야에서도 관심분야로 만들었다.

교육적인 인식과 관심에 따라 20세기 기독교교육의 많은 자료들은 발달이론에 근거한 연령별 학습의 형태를 띠고 있다. 그러나 이러한 발달이론의 핵심원리와 적용은 20세기에 처음 도입된 것이 아니라 2-3천 년 전인 성경시대에 이미 인지되어 여러 성경구절들에 함의되어 있다. 다음의 여러 성경구절들이 그 예(例)들이다.

첫째, 고린도전서 13:11이다. 바울 사도는 고린도 성도들에게 "내가 어렸을 때에는 말하는 것이 어린아이와 같고, 깨닫는 것이 어린아이와 같고 생각하는 것이 어린아이와 같다가, 장성한 사람이 되어서는 어린아이의 일을 버렸노라"고 말한다. 이 구절은 인간은 생물학적인 연령에 따라 인지능력의 발달에 차이가 있음을 말한다. 즉, 아이였을 때의 사고능력과 어른이 되었을 때의 사고능력에는 차이가 있다. 따라서 종교교육도 그 대상의 인지능력에 따라 다르게 접근해야 함을 함의하고 있다.

둘째, 고린도전서 3:1-2이다. 바울은 다시 고린도 성도들에게 "그리스도 안에서 어린아이들을 대함과 같이 하노라. 내가 너희를 젖으로 먹이고 밥으로 아니하였노니 이는 너희가 감당치 못하였음 이거니와 지금도 못하리라"고 말씀하였다. 이 구절은 인간의 능력에 개인차가 있음을 말하며 그 발달수준에 따라 다르게 교육해야 할 것을 말한다.

셋째, 에베소서 4:13이다. 바울이 에베소 성도들에게 "우리가 다 하나님의 아들을 믿는 것과 아는 일에 하나가 되어 온전한 사람을 이루어 그리스도의 장성한 분량이 충만한 데까지 이르리니"라고 말한 것은 인간은 연령에 따라서 신앙과 인지의 발달수준에 차이가 있음을 함의하고 있다.

넷째, 잠언 22:6이다. 솔로몬은 올바른 삶에 대하여 권면하면서 "마땅히 행할 길을 아이에게 가르치라 그리하면 늙어도 그것을 떠나지 아니하리라"고 말한다. 이 구절은 "그의 본질에 따라 아이를 키우라"는 의미다. 이 구절이 의미하는 것은 사람은 그 연령에 따라 본질이 달라짐을 의미하며, 그 연령의 특성에 맞추어서 교육해야 함을 의미하는 것이다. 카일과 델리취는 그들의 구약주석에서 이 구절을 "그에게 맞도록 아이를 가르치라"로 해석한다. 즉 아이들에게 부과되는 교육 또는 교육방식은 아이들의 본성에 맞아야 한다는 것과 그러한 교육과 교육방법이 그들의 인지적 신체적 발달수준과 부합할 때 교육은 효과를 나타낼 수 있음을 의미한다.

위의 발달과 관계된 구절들이 공통적으로 의미하는 것은 어린아이의 이해능력은 어른의 것과는 다르다는 것이다. 그 뿐 아니라 교육의 효과를 위해서는 연령별 특성에 따라 가르쳐야 함을 함의한다. 아래에서 교사의 본질과 자질에 대하여 생각해보자.

2. 교사의 본질

교사의 본질은 교사상(像)에서 나온다. 주일학교 교사상의 원형은 예수님이고 바울이다. 여기에서는 바울을 통하여 교사상을 또한 교사상(敎師像)에서 교사의 본질을 찾아보자. 바울은 고린도 성도들에게 자신이 예수님을 본받은 것처럼 자신을 본받으라고 말한다. 고린도 전서 11:1은 "내가 그리스도를 본받는 자 된 것같이 너희는 나를 본받는 자 되라"고 한다. 성경의 어떤 인물을 제시하며 그를 본받으라고 하는 것은 어렵지 않다. 그러나 반 학생들에게 "교사인 나를 본 받으라"고 말하는 것은 쉽지 않을 것이다. 얼마나 많은 교사들이 이러한 말을 할 수 있을까? 그러나 바울 사도는 우리에게 자신을 본받으라고 말한다. 자격이 있는 교사인 바울에게서 교사상을 찾아보자.

주일학교 교사상

교사상이란 이상적인 교사의 모습이다. 주일학교 교사를 생각할 때 어떤 모습이 떠오르는가? 주일학교 교사들에게 어떤 모습을 기대하는가? 주일학교 교사상을 생각해보자.

첫째, 하나님의 일에 헌신하는 사람이다. '헌신한다' 는 것은 마음과 정성을 다하는 것이다. 올림픽대회가 열리기 1-2년 전부터 올림픽 팀에 뽑힌 선수들은 입상(入賞)을 위해 구슬땀을 흘린다. 프로 운동선수들은 경기시즌 동안에는 모든 것을 제쳐두고 운동에만 전념한다. 주일학교 교사들은 어떠해야 하는가? 하나님의 부르심을 받은 소명자(召命者)로서 헌신해야 한다.

둘째, 반학생들을 사랑하는 사람이다. 일반 교육에서 교사의 본질은 학생을 사랑하는 것이다. 기독교의 핵심은 사랑이다. 주일학교 교사는 반학생들에게 그리스도의 사랑을 드러내는 사람이어야 한다. 자신을 희생하는 사랑은 자신을 변화시킬 뿐 아니라 반학생들을 변화시킨다. 참 사랑은 다른 사람으로부터 받는 것이 아니라 다른 사람에게 주는 것이다. 조건이 없는 희생과 사랑의 사람이 주일학교 교사상이다.

셋째, 가르치는 은사를 지속적으로 개발하는 사람이다. 주일학교 교사는 가르치는 은사가 있어야 한다. 가르치는 은사는 타고난 것일 수도 있고 교육과 훈련을 통하여 개발된 것일 수도 있다. 하나님께서는 성도들에게 다양한 은사를 주셨는데 교사에게는 가르치는 은사를 주셨다. 그러므로 주일학교 교사는 가르치는 은사를 소홀히 하지 말고 꾸준히 개발하여야 한다.

넷째, 가르침을 준비하는 사람이다. 주일학교 교사는 자기가 가르칠 내용인 성경을 준비해야 한다. 가르치는 내용을 잘 알아야 가르칠 때 마음에 확신도 가질 수 있고 듣는 반학생들도 진지한 자세를 가지게 된다. 교사는 내용과 함께 가르치는 방법에 대해서도 알아야 한다. 문학 장르에 따라 읽는 방법과 가르치는 방법이 다르다. 성경에는 역사서, 서신, 비유, 예언 등 다양한 장르가 있다. 그러므로 성경을 잘 이해하기 위해서는 장르에 따라서 가르치는 방법을 터득해야 한다. 그리고 반학생들의 연령에 따라서 인지적, 사회적, 도덕적, 영적 발달 과정이 다르므로 발달이론을 통하여 어린이들의 연령별 특징을 이해하면 가르치기가 좋다.

참 교사는 준비를 잘하였다 할지라도 가르칠 때 성령의 도우심을 구하고 성령의 역사를 의지한다. 바울은 고린도 성도들에게 참된 교사는 하나님이시라고 말하였다. 바울은 "그런즉 심는 이나 물주는 이는 아무 것도 아니로되 오직 자라나게 하시는 하나님뿐이니라"(고전 3:7)고 하였다.

교사의 본질

그러면 교사의 본질은 무엇인가를 생각해보자.

교사는 진리의 사람이다

교사가 진리의 사람이라고 말하는 것은 몇 가지 의미를 포함한다.

첫째는, 자신이 가르치는 진리 곧 성경을 귀하게 여기고 사랑함을 말한다. 교사는 자신이 알고, 믿고, 가르치는 성경이 하나님의 말씀이고, 성령의 영감으로 기록된 계시이며, 오류가 없음을 믿어야 한다.

둘째는, 반학생들이 진리인 성경을 배우고 알고 깨닫도록 노력하는 사람이다. 반학생들이 성경은 진리의 말씀이요 영생을 주는 말씀임을 확신하고 그 말씀을 깨닫도록 노력하는 사람이 교사이다.

셋째는, 반학생들에게 진리인 하나님의 말씀을 가르치되 효과적으로 그리고 효율적으로 가르치는 사람이다. 효과적으로 가르친다는 것은 올바른 것을 가르침을 말하고 효율적으로 가르친다는 것은 능률적으로 가르침을 말한다.

넷째는, 교사는 말과 함께 삶의 모본을 통하여 가르친다. 삶을 통한 가르침은 말로 가르치는 것보다 더 영향력이 크다. 곧 교사는 삶을 통하여 진리를 증거하는 사람 곧 증인이다. 이 증인이라는 단어(martys)에서 진리를 위하여 죽는 사람을 뜻하는 순교자(martyr)라는 단어가 유래하였다.

교사는 올바른 가치관을 지닌 사람이다

교사는 진리인 지식과 올바른 가치관을 전수하는 사람이다. 교육과정은 전수해야 할 가치를 지닌 지식으로 구성되어야 한다. 가치에는 개인이 인정하는 가치와 행동하는 가치가 있다. 인정하는 가치란 말과 생각으로 긍정하고 받아들임을 말한다. 행동하는 가치란 행동을 일으키는 가치를 말한다. 교사는 이 두 가지 가치 모두를 가르쳐야 한다.

가치는 인간 개인과 공동체에게 유익한 것이라는 점에서 기독교와 휴머니즘은 생각을 같이 한다. 그럼에도 불구하고 기독교 유신론과 휴머니즘 사이에는 큰 차이가 있다. 이 두 사상 사이에는 근본적인 차이점이 있는데 그 하나는, 가치평가의 주체가 다르다는 점이다. 기독교에서는 가치평가의 주체가 '하나님' 이시고 휴머니즘에서는 '인간' 이다. 다른 하나는, 추구하는 목적이 다르다. 즉, 휴머니즘에서는 가치를 추구하는 목적이 인간의 이익, 사회협약, 사회계약에 근거한다고 말한다. 그러나 기독교는 하나님을 영화롭게 하고, 기쁘게 하는 것을 목적으로 하는데 이렇게 하나님을 섬길 때 인간에게 이익이 되고, 사회에 이익이 된다고 말한다(고전 10:31). 최고의 가치를 인간에 두는 휴머니즘과는 달리 기독교는 하나님의 영광과 기쁨에 가치를 두고 있음을 보여준다.

교사가 가져야 할 올바른 가치는 성경적 가치라야 하는데 이러한 성경적 가치의 근거를 생각해보자.

첫째, 성경적 가치는 완전하시며 불변하시는 하나님이시다. 하나님은 자존(自存)하시며 최고의 선이신 반면에, 사람은 하나님께 의존하는 존재이며 하나님의 선하신 목적을 드러내기 위하여 창조된 존재이다. 따라서 사람은 하나님께 영광을 돌려야 할 의무를 가지는 동시에 하나님께서 피조물에 대한 계획이 우리의 목적이 된다. 이러한 신명령설(神命令說 divine command theory)은 두 가지를 강조한다. 하나는, 우리의 도덕적 의무는 하나님께서 우리를 위하여 계획하시고 의도하신 것과 같다. 이는 피조물의 의무는 피조물에 대한 하나님의 주권에 근거함을 보여준다. 다른 하나는, 인간에게 주어진 도덕적 의무의 원천은 하나님이심을 강조한다.

둘째, 가치는 하나님의 품성에 근거한다. 하나님께서 요구하시는 것은 하나님의 품성을 드러낸다. 하나님의 요구는 공의와 사랑이며, 이는 하나님의 품성이다. 이것이 도덕법의 배경이며 근거이다. 공의와 사랑이 하나님의 품성임을 성경은 밝히 증거한다. 미가 선지자가 "사람아 주께서 선한 것이 무엇임을 네게 보이셨나니, 여호와께서 네게 구하시는 것이, 오직 공의를 행하며, 인자를 사랑하며, 겸손히 네 하나님과 함께 행하는 것이 아니냐"(미 6:8)고 한 것에서 하나님의 공의와 사랑을 볼 수 있다. 그러므로 정치, 교육, 예술 등 모든 분야에서의 가치는 정의와 사랑을 드러내시는 하나님의 성품과 같다.

셋째, 가치는 하나님의 목적에 근거한다. 하나님께서는 그의 목적을 따라 피조물들을 창조하셨으므로 이것들은 하나님께서 보시기에 좋았다. 그러므로 유신론자는 가치중립성을 주장하는 비관론이나 주관주의를 배격할 뿐 아니라 가치현실성을 주장하는 낙관주의, 낭만주의 모두를 배격한다. 그 이유는 비관론이나 주관주의는 피조물은 선하게 창조되었다는 성경의 사상과 배치되고, 낙관주의나 낭만주의는 도덕적인 악의 현실성을 무시하기 때문이다. 유신론에 따르면 피조물이 가치를 내재하고 있는 것은 창조 때부터이나 인간의 유한성과 죄의 실재성 때문에 악은 여전히 존재한다.

넷째, 가치는 하나님의 말씀에 근거한다. 하나님께서는 사람에게 피조물에 대한 지배권을 부여하시면서 그의 의도하신 가치를 실현시키라는 '문화명령'(창 1:28)을 주셨다. 이것은 사람과 하나님 및 다른 사람 사이에서만 가치가 존재하는 것이 아니라 자연과의 관계에도 가치가 존재함을 말한다.

교사는 사랑의 사람이다

주일학교 교사의 최고의 본질은 주일학교 반학생들을 그리스도의 마음으로 사랑하는 것이다. 이러한 사랑은 칭찬과 돌봄보다 먼저이다. 사랑은 첫째, 반학생들의 영혼을 사랑하여 가르치는 내용을 성실하게 열심으로 준비하는 마음이다. 둘째, 그리스도께서 주신 권위로 반학생들에게 말씀을 가르치고 지도하는 마음이다. 셋째, 분위기에 따라 변하지 않고 일관된 목표를 향하여 가는 마음이다.

교사는 소명으로 일하는 사람이다

소명이란 말은 부르심(calling)을 말한다. 주께서 불러 주심에 따라 사역함을 말한다. 예수님께서 "너희가 나를 택한 것이 아니요 내가 너희를 택하여 세웠나니 이는 너희로 가서 과실을 맺게 하고 더 풍성히 맺게 하려 함이라"(요 15:16)고 하셨다. 그러므로 주일학교 교사는 자신의 재능, 지식, 말의 유창함에 의지하는 것이 아니라 성령을 의지해야 한다. 여호와께서 스룹바벨에게 "힘으로도 능으로도 못하나 오직 여호와의 신으로 말미암음이다"(슥 4:6)고 하셨다. 소명으로 가르칠 때 주님께서는 우리의 무능(無能)함에도 불구하고 능력을 발휘하게 해주신다. 하나님은 소명으로 가르치는 사람에게 성령을 주셔서 능력의 교사로 만드신다.

소명으로 일하는 주일학교 교사는 몇 가지 특징을 가지고 있다.

첫째, 주어진 가르침의 사역을 최우선한다. 교사가 이렇게 가르침에 대한 헌신이 없이는 주일학교 교사로서의 책임을 제대로 감당할 수 없다. 교사의 사역을 자기 일의 제1순위에 놓고 있는 교사가 과연 얼마나 될 것인지를 생각해보자. 나는 주일학교 교사사역을 제1순위로 삼고 있는가?

둘째, 감동력이 있다. 소명감 있는 주일학교 교사는 반학생들을 감동시킨다. 소명감이 없는 교사는 자신도 감동되지 않을 뿐 아니라 반학생들도 감동시킬 수 없다. 감동과 열정이 없는 교사는 좋은 결과를 얻을 수 없다. 말씀을 가르치면 그 말씀이 감동이 되고, 찬양을 하면 곡조와 가사가 감동이 되고, 기도하면 그 간구가 감동이 되는 교사라야 영향력을 끼칠 수 있는 교사이다

셋째, 성경지식과 영적 경험이 있다. 영적 경험은 최고의 교사가 되게 하고, 가르침을 풍성하게 하고, 생동감 있게 만든다. 소명이 있는 교사는 가르치는 내용을 잘 파악하고 그 내용의 준비를 통하여 영적 경험을 체험하게 된다.

넷째, 반학생들의 장래의 가능성에 대한 탐구심을 가지고 있다. 탐구심

은 최고의 학습요인일 뿐 아니라 가르침에도 중요한 요인이 된다. 교사는 반학생들로 하여금 하나님께서 그들에게 주신 보배를 찾아내도록 도와주는 특권과 의무를 가지고 있다. 그러므로 교사는 하나님께서 자신이 가르치는 학습자들에게 주신 은사가 무엇이며, 주신 능력이 무엇인지를 찾아내려고 하는 영적 탐구심이 필요하다.

교사가 가르쳐야 할 이유

"교사는 왜 가르치는가?"라고 물으면 어떤 생각이 나는가? 많은 주일학교 교사들이 "왜 가르쳐야 되는가?"를 생각하고 고민해보기도 전에 권유에 의하여 가르치기 시작한다. 주일학교의 현장을 보면 해가 바뀌는 진급 시기가 되면 주일학교 부장이나 지도자는 매우 바빠진다. 여러 바쁜 일 가운데 가장 어려운 일이 새로운 교사후보를 찾아내는 일이다. 대부분의 교회의 경우, 다른 어느 부서보다 자격을 갖춘 헌신자들을 찾기 힘든 부서가 교육부서일 것이다. 상당수의 교사가 연말로 가르치는 사역을 끝내려고 하기 때문이다. 그러면 교육부서 지도자는 교사후보자들을 찾아나서야 하고 그들을 설득해야 한다.

새로운 교사후보자들을 설득할 때 교육지도자들은 대체로 다음과 같이 말한다: "아무개 님, 내년에 우리 부서를 좀 도와주세요." 그러나 이러한 말이 과연 맞는 말인가? 교회의 본질을 조금만 더 이해하게 되면 다음과 같이 설득할 것이다: "아무개 님, 내년에 우리 부서에서 함께 일합시다." 이 말은 앞의 "우리 부서를 좀 도와주세요"라는 말과는 그 의미가 많이 다르다. 이 말은 교회에서 가르치는 일은 모든 그리스도인들에게 주어진 의무로서 교육부서에 더 많은 사람이 필요함을 드러내는 말이다. 주일학교의 일은 어느 특정한 사람의 일이 아니라 하나님의 일이요 그리스도의 일이라는 의미를 포함한다.

베드로 사도는 "각각 은사를 받은 대로 하나님의 각양 은혜를 맡은 선한 청지기 같이 서로 봉사하라"(벧전 4:10)고 말한다. 이 구절은 모든 성도들이 다 은사대로 봉사할 책임이 있음을 말한다. 하나님께서는 성도들이 봉사하도록 하시기 위하여 모두에게 은사를 주셨다. 그러므로 모든 성도는 자기에게 주어진 은사에 따라 봉사해야 할 의무가 있다.

그러면 그리스도인들이 가르치는 이유는 무엇인가?

하나님의 명령(大委任令, 마 28:19-20)이기 때문에 가르친다

예수님께서 승천하시기 전에 제자들에게 주신 대위임령에서 "너희는 가서 제자를 삼으라"고 명령하셨다. 그런데 제자를 삼기 위한 과정에는 세 가지 일이 있다. 첫째는, '가라' 는 명령에 따라 은사에 맞는 봉사의 일을 찾는 일이다. 둘째는, '세례를 주라' 는 말씀에 따라 성례를 베푸는 일이다. 셋째는, '가르쳐 지키게 하라' 는 말씀에 따라 가르치고 배운 대로 살도록 교육하고 훈련하는 일이다.

'가르쳐 지키게 하라' 는 명령은 예수님께서 땅 위에서 사시는 동안 선포하시고, 치유하시던 사역과 함께 하셨던 가르치는 사역의 책임과 권위를 제자들에게 부여하시는 명령이다. 그러므로 목사인 교사나 주일학교 교사는 주님께서 가르치셨던 반학생들을 교훈하고 가르칠 권위와 의무가 있다. 여기서 '가르치다' 란 단어는 지속적인 가르침을 강조하는 말이다. 이러한 가르침은 디모데후서 2:2에서처럼 대(代)를 계승하여 가르쳐야 함을 나타내기도 한다. 제자들은 예수님의 교훈을 가르칠 뿐 아니라 '지키게' 할 책임도 있다. 이는 지식적으로만 아니라 마음과 삶까지도 변화시키는 교육과 훈련을 해야 함을 말한다.

'가르치라' 는 명령은 이미 하나님께서 모세에게 주신 명령이다. 레위기 10:11에서 "여호와가 모세로 명한 모든 규례를 이스라엘 자손에게 가르치리라"고 하셨다. 여기에서 '가르치리라' 는 말은 제사장들에게 제사의식을 행하는 일뿐 아니라 백성들에게 하나님의 법도와 규례를 가르칠 의무가 있음을 나타내는 것이다. 신약에서도 장로의 자격 가운데 하나가 '가르치기를 잘하는'(딤전 3:2) 것이다.

예수님의 명령은 단순히 가르치는 것만이 아니라 '제자를 삼으라' 는 것이다. 제자가 된다는 것은 복음을 듣고 아는 것만이 아니라 지키는 것을 의미한다. 이는 그리스도의 사람으로 만들라는 의미와 같다. 어떤 사람의 이름 뒤에 사람 인(人, 영어로는 - ian)자(字)를 붙이면 그에게 속한 사람을 의미한다. 곧 '그리스도'의 이름 뒤에 '인'을 붙이면 곧 그리스도인(Christian)이라는 말은 '그리스도에게 속한 사람'이라는 의미인 것이다. 곧 그리스도의 제자인 그리스도인은 그리스도의 방식으로 훈련을 받고 그의 나라를 위하여 섬기는 사람이다.

이러한 제자의 삶은 그리스도에 의해 만들어지는 것이다. '제자를 삼다' 라는 말에는 가르치고 훈련시키라는 의미뿐 아니라 회개와 신앙을 일으키는 복음의 선포도 포함되어 있다. 우리가 가르치는 이유는 예수님께서 '가르치라'고 명령하셨기 때문이다. 이보다 더 중요한 이유는 없다.

하나님의 자녀를 기르는 일이기 때문에 가르친다

하나님께서는 그의 자녀들인 성도들을 가르치는 직분 4가지 곧 사도, 선지자, 복음 전하는 자, 그리고 목사인 교사를 교회에 주셨다. 이러한 직분자는 교회의 지도자들로서 성도를 기르는 일을 한다. 그런데 하나님께서 이들을 교회에 주신 이유는 그들을 "온전케 하며 봉사의 일을 하게하며 그리스도의 몸을 세우려 하심"(엡 4:12)이다. 이 에베소서 구절은 교회지도자는 성도들을 그리고 주일학교 교사는 반학생들을 어떻게 길러야 하는지를 말해준다. 곧 '온전한' 반학생들이 되도록 기르는 책임이 주일학교 교사들에게 있음을 말해준다.

"성도를 온전케 하며"라고 말한 구절은 성도들을 무장시키고 준비시킨다는 뜻을 갖고 있다. 이 '온전하게 하다' 라는 말이 마태복음 4:21에서는 '깁는다' 는 단어로 번역되었다. 곧 '온전하게 하다' 는 것은 고기잡이를 한 후에 찢어진 그물을 꿰매는 것과 같은 일임을 나타내고 있다 : "… 세베대의 아들 야고보와 그 형제 요한이 그 부친 세베대와 한가지로 배에서 그물 '깁는' 것을 보시고 부르시니" 같은 단어가 갈라디아서에서는 '바로잡다' 라는 단어로 번역되었다. 곧 온전케 하는 것은 잘못하고 있는 사람을 바르게 붙들어주는 것과 같음을 말해준다: "형제들아 사람이 만일 무슨 범죄한 일이 드러나거든 신령한 너희는 온유한 심령으로 그러한 자를 〈바로잡고〉 네 자신을 돌아보아 너도 시험을 받을까 두려워하라"(6:1).

주일학교 교사가 반학생들을 가르칠 책임은 부모가 하나님께서 가정에 주신 기업인 자녀들을 가르칠 책임과 마찬가지다. 왜냐하면 자녀가 하나님께서 가정에 주신 기업인 것과 같이 반학생들은 하나님께서 교사에게 주신 기업이기 때문이다. 에베소서 6:4은 "너희 자녀를 노엽게 하지 말고 오직 주의 교양과 훈계로 양육하라"고 부모들에게 명령하셨다. 이 구절에서 '교양' 을 의미하는 '파이데이아' 는 성숙의 과정에 있는 아이들을 지도와 가르침, 교훈, 훈련 그리고 심지어 징계의 방식으로 어느 정도의 강제가 필요한 방법들을 사용하여 아이들을 키우고 다룬다는 뜻이다. 그리고 '훈계' 를 의미하는 '누세시아' 는 교정을 위한 권면, 교훈 그리고 경고라는 의미를 지니고 있다.

주일학교 교사와 반학생들의 관계는 가정에서의 부모와 자녀들의 관계와 같으므로 교사들은 부모의 입장에서 반학생들을 가르칠 의무가 있다. 이러한 주일학교 교사는 다음의 여러 방법으로 아이들을 가르칠 수 있다.

첫째, 징계를 통하여 가르친다. 이러한 징계는 그 목적이 분명해야 한다. 곧 반학생들이 예수 그리스도의 종으로 성장하게 하는데 목적을 두어야 한다. 이를 위해서는 반학생들이 해야 할 일과 해서는 안 될 일에 대한 기준을 분명하게 해야 한다. 이러한 기준은 그들의 발달수준에 맞추어야 한다. 또한 징계는 그들이 잘못한 것에 상응해야 한다. 이러한 징계에는 말로 하는 것과 벌을 주는 것이 있는데 주일학교에서는 벌로 하기가 어려우므로 말로 주의를 주거나 경고하는 것이 필요하다.

둘째, 개인적인 모범을 통해서 가르친다. 바울 사도는 데살로니가 성도들에게 편지를 쓰면서 "우리에게 권리가 없는 것이 아니요 오직 스스로 너희에게 본을 주어 우리를 본받게 하려 함이니라"(살후 3:9)고 하였는데 이는 바울 사도가 새신자인 데살로니가 성도들에게 말이나 편지만이 아니라 그의 삶을 통하여 가르쳤음을 볼 수 있다. 그리고 나이가 어린 교역자인 디모데에게는 "누구든지 네 연소함을 업신여기지 못하게 하고 오직 말과 행실과 사랑과 믿음과 정절에 대하여 믿는 자에게 본이 되어"(딤전 4:12)라고 한 것은 가르치는 사람의 삶을 통한 모범을 강조한 것이다.

셋째, 절기행사와 그 의미를 통해서 가르친다. 출애굽기 12:26-27에서 모세는 이스라엘 백성들에게 유월절 예식을 지킬 것을 명령하면서 "이 후에 너희 자녀가 묻기를 이 예식이 무슨 뜻이냐 하거든 너희는 이르기를 이는 여호와의 유월절 제사라 여호와께서 애굽 사람을 치실 때에 애굽에 있는 이스라엘 자손의 집을 넘으사 우리의 집을 구원하셨느니라 하라"고 하셨다. 이는 유월절 절기의식을 통하여 이스라엘 백성을 애굽에서 구원하신 하나님의 사역을 가르치는 기회로 삼으라는 것이다. 그러므로 주일학교는 다른 어느 기관보다 절기를 지킴으로 교육을 할 수 있다.

3. 교사의 자질

교사는 인격적이고, 말씀중심적일 뿐 아니라 학습동기를 부여하고, 효율적인 방법을 사용함으로써 학습효과를 높이려고 노력한다. 교사는 반학생들을 잘 가르쳐야 한다. 왜냐하면 하나님께서는 모든 사람에게 은사를 주

셨고(롬 12; 엡 4; 고전 12) 또 가르치는 직분을 주셨기 때문에 가르치는 은사를 잘 발휘하기 위해서는 하나님께서 교사 각 사람에게 부여하신 은사가 무엇인지를 알고, 그 은사를 개발하도록 해야 한다. 찬양대원에게는 좋은 목소리를 주셔서 아름다운 찬양을 하게 하시고, 전도대원에게는 뜨거운 열정을 주셔서 생명의 복음을 전하게 하시는 것과 마찬가지로 가르치는 사람에게는 배우는 사람들이 잘 깨닫도록 가르치는 은사를 주신다.

주일학교 교사로서의 자질을 개발하기 위해서는 먼저 가르침의 소명이 나에게 있는가를 살펴보고, 그리고 가르치는 사람에게 필요한 자질이나 능력을 내가 소유하고 있는지를 알아야 한다. 그리고 그러한 자질이 있다고 생각되면 가르치는 사역을 하면서 그러한 자질을 더욱 개발하려고 노력해야 한다. 가르침과 관계된 자질을 살펴보기 전에 교사에게 보편적으로 요구되는 자질들은 무엇인가를 살펴보자.

보편적인 자질

주일학교 교사로 사역하는데 필요한 전문적이고 구체적인 자질 이전에 교사들에게 요구되는 보편적인 자질들을 살펴보자.

주일학교 교사에게는 중생의 체험이 요구된다

이는 그리스도인 교사는 영적인 새생명을 가진 사람이어야 함을 의미한다. 중생을 체험한 그리스도인 교사는 단순히 성경지식만을 전수하는 사람은 아니다. 성경지식을 가르치는 것과 더불어 믿음의 확신을 심어주며, 성경적 가치관을 심어줌으로 삶의 변화를 일으키고, 성경적이며 신앙적인 삶을 보여주는 사람이다. 중생이란 무엇이며 왜 중생한 사람이어야 하는가?

중생이란 물과 성령으로 나는 것으로써(요 3:5) 하나님의 나라에 들어가기 위한 조건인 동시에 영생의 조건이다. 중생은 넓은 의미(廣義)로는 하나님의 부르심과 회심까지도 포함하지만 좁은 의미(狹義)로는 사람에게 새로운 생명을 심어주시고 영혼을 거룩하게 하시는 하나님의 역사를 말한다. 이는 새로운 생명이란 말과 같다. 이러한 중생은 하나님께서 주시는 것으로 삶에 변화를 가져옴으로 전인(全人)에 영향을 끼친다(고전 2:14; 고후 4:6; 빌 2:13; 벧전 1:8).

중생한 사람은 성령으로 새로 태어난 사람이므로 영의 일을 이해하고, 체험할 수 있다. 주일학교 교사가 효율적으로 가르치기 위해서는 자신이 먼저 하나님을 확신하고 믿어야 한다. 이러한 확신은 영적 체험에서 온다. 영적인 일을 하는 사람은 영적인 것을 먼저 이해하고 체험해야 한다.

중생한 사람은 헌신된 마음을 가진다. 헌신된 마음으로 일을 하면 가르치는 사역을 더 열정적으로 하게 되고 그 결과로 좋은 열매를 맺게 될 뿐 아니라 헌신적으로 일하기 때문에 그 마음은 기쁨으로 가득하게 된다. 가르치는 교사의 마음에 기쁨과 확신이 있으면 배우는 사람들은 더 큰 영향을 받는다. 확신이 없이 가르치면 아무리 지식이 많고, 경험이 많다고 할지라도 배우는 사람의 마음에 영향을 끼치기 어렵다. 그러므로 헌신은 가르치는 사람에게 매우 중요한 요소인데 이러한 헌신은 중생에서 온다.

교사에게는 성경에 대한 지식이 요구된다

그리스도인 교사는 교수내용인 성경지식으로 무장해야 한다. 성경지식은 주일학교 교사들에게는 기본이 되는 자질이다. 학교교육에서도 학과목 교사는 해당 학과목 교재의 내용을 잘 이해해야 한다. 이러한 학과목의 내용에 대한 지식이 갖추어진 후에 그가 아이들을 사랑하는 사람이냐, 교육자적인 성품을 가진 사람이냐, 사람됨이 어떠한지를 살펴봐야 한다. 이는 교사에게 무엇보다 전제가 되는 자질은 가르치는 내용에 대한 지식의 소유임을 의미한다.

성경을 안다는 말에는 두 가지 의미가 포함되어 있다. 하나는 성경에 관한 지식(knowledge about the Bible) 곧 명제적 지식이다. 곧 성경내용에 대한 광범위하고도 구체적인 지식의 소유를 말한다. 교사가 가져야 할 성경에 관한 지식에는 본질적인 지식과 사실적인 지식이 있다. 성경에 대한 본질적 지식의 예(例)로는 첫째, 성경과 계시의 관계, 둘째, 성경의 무오설(無誤說)과 그 증명, 셋째, 성경의 영감설, 넷째, 성경의 완전성, 다섯째, 성경의 권위 등이다.

주일학교 교사가 알아야 할 사실적 지식으로는 예수님의 제자는 열두 명임을 아는 것, 사복음서는 마태, 마가, 누가, 요한복음서라는 것을 아는 것, 구약은 39권이고 신약은 27권이고 전체는 66권임을 아는 것, 모세오경이란 창세기, 출애굽기, 레위기, 민수기, 신명기임을 아는 것 등이다.

성경을 안다고 할 때의 또 다른 하나의 의미는 성경 내용이 진리며 옳은 것임을 알고, 그것을 확신하며, 체험하고, 또 그 아는 것이 옳은 것을 증명하는 실천적 지식(knowledge of the Bible)을 소유하고 있음을 말한다.

부모들은 자녀를 안다고 말한다. 이 때 '안다'는 말은 부모가 자녀의 키나 몸무게 등과 같은 자녀의 외적 상태를 안다는 의미와 함께 그의 생각이나 성품 등과 같은 내적인 상태를 안다는 것을 포함한다. 이러한 실천적인 지식은 부모로 하여금 자녀의 생각, 언행 등에 대한 기대와 확신을 갖게 한다.

하나님을 안다고 할 때도 마찬가지이다. 하나님을 안다고 할 때 단순히 하나님의 본질인 삼위로서의 하나님과 그의 능력과 온전하심에 관하여 안다든지, 그의 여러 이름들 곧 여호와, 엘로힘, 아도나이, 엘 샤다이 등이 갖는 의미를 안다든지, 그의 속성이 무엇임을 말할 수 있는 것과 같은 명제적 혹은 이론적인 지식만이 아니라 하나님의 뜻을 알고, 하나님을 신뢰하며, 하나님의 뜻을 좇아 행하는 것을 하나님을 안다고 말한다. 시편 119편에서 시편 기자가 갖기를 원하는 지식은 이론적 지식이 아니라 실천적인 지식이다.

시편 기자는 간구하기를:

시 119:12 "찬송을 받으실 여호와여 주의 율례를 내게 가르치소서"

시 119:18 "내 눈을 열어서 주의 법의 기이한 것을 보게 하소서"

시 119:97 "내가 주의 법을 어찌 그리 사랑하는지요 내가 그것을 종일 묵상하나이다"

시 119:103 "주의 말씀의 맛이 내게 어찌 그리 단지요 내 입에 꿀보다 더하니이다"

시 119:125 "나는 주의 종이오니 깨닫게 하사 주의 증거를 알게 하소서"

어떻게 하면 하나님에 관한 이론적 지식에서 실천적 지식으로 나아갈 수 있을까? 이것은 매우 어려운 동시에 매우 간단한 문제이기도 하다. 우리가 하나님에 관한 지식을 배울 때마다 기도와 찬양을 통하여 하나님 앞에서 나아감으로써 하나님을 실천적으로 알 수 있다. 이러한 지식을 갖추는 것은 마치 수영을 배우는 것과 같다. 수영에 대한 이론적 지식이 수영하는 능력을 보장하지는 않는다. 어느 정도의 연습을 하면서 말로 설명할 수 없는 깨달음을 얻을 때 비로소 물위를 헤엄쳐 갈 수 있다. 이러한 수영 능력의 체득과 하나님을 아는 지식획득은 모두 실천적 지식이다.

　그리스도인 교사는 일반 학교의 교사들이 갖고 있는 학과목에 대한 지식보다 적게 가져도 되는 것이 아니다. 오히려 가르치는 내용인 성경에 대한 지식이 일반 교사들의 해당 학과목에 대한 지식보다 더 깊어야 한다. 우리는 이러한 면에서 부족함이 있다. 일반학교 교사들은 전공자임에도 불구하고 학과목의 준비를 철저하게 하는데 비하여 많은 주일학교 교사들이 그렇지 못한 것이 현실이다. 더구나 일반학교의 교사는 정부에서 인정하는 교사자격증을 소유해야 되지만 주일학교 교사는 대부분의 경우 자격증이 없다. 그러므로 주일학교 교사는 성경에 대한 많은 지식을 가져야 한다.

　주일학교 교사가 잘 가르치기 위해서는 성경을 어느 정도 알아야 하는가에 따라 교사교육과정이 정해질 수 있다. 주일학교 교육과정은 어린이의 영적, 지적, 사회적, 도덕적 발달수준에 따라 내용의 난이도를 달리한다. 그러므로 주일학교 교사는 성경지식 못지않게 학습자들에 대한 지식을 가지고 있어야 한다.

교사에게는 학습자에 대한 이해가 요구된다

학습자를 안다는 것은 단순히 그들의 이름을 아는 것만이 아니다. 마치 예수님께서 우리 각(各) 사람의 이름을 아시듯이, 우리도 학습자의 이름을 알아야 한다(요 10:10). 교사가 학생의 이름을 부르게 되면 교육효과도 더 좋아진다. 현대 사회는 대중과 무리와 군중의 사회이다. 특히 번호의 시대이다. 우리가 물건을 살 때 거기에 기록된 바코드가 현대의 특성을 보여주는 것이다. 비록 학교에서는 출석번호가 학생의 이름을 대신하더라도 교회에서는 반학생들의 이름을 불러야 한다. 이름을 부른다는 것은 그 사람을 안다는 것을 의미한다. 이는 그들의 영적, 지적, 정서적, 신체적인 상황을 아는 것이다. 학습자를 알 때 그들에 맞는 교육과정을 만들 수 있다.

구체적인 자질

주일학교 교사에게 요구되는 요소들을 좀 더 구체적으로 지성적, 영적, 실천적인 면에서 살펴보자.

지성적인 자질이다

바울은 디모데에게 "네가 진리의 말씀을 옳게 분변하며 부끄러울 것이 없는 일군으로 인정된 자로 자신을 하나님 앞에 드리기를 힘쓰라"(딤후 2:15)고 권하였다. 이 성경구절에서 '하나님의 말씀을 옳게 분변하며'는 교사에게 필요한 지적을 말한다.

여기에서 '옳게 분변한다'는 '똑바로 자르다. 바르게 신중하게 다룬다'는 의미이다. 마치 능숙한 농부가 논두렁을 갈거나 밭고랑을 갈면 삐뚤삐뚤하지 않고 똑바르듯이, 도시에서 차선을 긋는 작업을 하는 능숙한 인부들이 차선을 반듯하게 긋듯이 '옳게 분변한다'는 말에는 '똑바르게 자르다'는 의미가 포함된다. 또한 칼날이 예리한 진검(眞劍)을 다루는 사람들은 칼을 대할 때 매우 신중하게 다룬다. 조금 소홀히 하게 되면 자신이나 다른 사람의 신체에 해(害)를 입힐 수 있기 때문이다. 성경을 '옳게 분변한다'는 것은 성경을 가르치는 주일학교 교사에게도 이러한 신중함이 필요함을 의미한다.

그러면 어떻게 하는 것이 바르게 다루고 신중하게 다루는 것인가? 먼저 소극적인 면에서 생각해 본다면 허튼 말을 하지 않는 것을 말한다. 대화가운데 허튼 말을 많이 하는 사람은 좋은 교사가 될 수 없다. 이러한 말은 사람을 가볍게 만들 뿐 아니라 듣는 사람들의 믿음을 흔들어 놓는다. 교사는 의사 못지않게 큰 영향을 미치는 사람이다. 지식이 많고, 지위가 높고, 명예가 있고, 물질이 많아서 평소에 자신감이 넘치는 사람이라 할지라도 '의사로부터 '암입니다' 는 한마디를 듣는 순간부터 그 환자는 죽어간다고 한다. 반대로 암에 걸린 줄 알고 거의 죽어가던 사람이 의사가 '오진(誤診)입니다. 암이 아닙니다' 라는 한마디를 듣는 순간 생기가 나고 힘이 난다. 의사의 말은 환자의 육신을 살리기도 하고 죽이기도 하지만 주일학교 교사의 말은 반학생의 영혼을 살리기도 하고 죽이기도 한다. 그러므로 주일학교 교사는 말을 바르게 신중하게 해야 한다. 만일 그렇지 못하면 "이는 유익이 하나도 없고 도리어 듣는 자들을 망하게"(14절下) 만들게 된다.

교사는 환경에 따라, 듣는 사람의 필요에 따라 적합하게 가르쳐야 한다. 이를 위해서는 성경을 많이 읽고, 듣고, 묵상해야 한다. 음악 감상에 대한 방법은 큰 작품들을 자꾸 반복해서 듣는 것이다. 얼마 전에 한 대학의 교수 부부와 대화하게 되었는데 그들이 음악전공자들이 많은 교회에 오래 다닌 결과의 하나로 귀가 높아졌다는 것이다. 음악전공과는 관계없는 분들이었지만 오래 자꾸 듣다가 피아노 소리에 민감하게 된 것이다.

성경도 마찬가지다. 계속하여 읽게 되면 성경에 대한 눈이 열리고 귀가 열리고 마음이 열리게 된다. 그러면 자연히 성경을 '옳게 분변하는' 교사가 되는 것이다. 이러한 확실한 기초 위에 성경에 대한 지식과 학습자에 대한 지식을 쌓아가야 한다.

영적인 자질이다

인간의 모든 삶의 영역에서 주권자는 하나님이시다. 역사의 주인공이 하나님이실 뿐 아니라 주일학교에서의 가르침의 주권자도 하나님이시다. 교사는 주권자 곧 주연배우가 아니라 증인 곧 조연배우에 불과한 것이다. 인간의 지혜보다 하나님을 의지하는 영성이 교사에게 필요하다. 바울은 "하나님의 미련한 것이 사람보다 지혜 있고 하나님의 약한 것이 사람보다 강하니라"(고전 1:25)고 하였다. 하나님을 의지하는 영성이 사람의 지혜보다 나음을 말한다.

영적인 삶이란 믿음의 삶이다. 주일학교 교사는 "이제는 내가 산 것이 아니요, 오직 내 안에 그리스도께서 사신 것이라. 이제 내가 육체가운데 사는 것은 나를 사랑하사 나를 위하여 자기 몸을 버리신 하나님의 아들을 믿는 믿음 안에서 사는 것이라"(갈 2:20)고 고백하는 바울 사도와 같이 그리스도에 대한 믿음 안에서의 삶 곧 영적인 삶을 살아야 한다.

주일학교 교사가 영적인 자질을 갖는다는 것은 그리스도의 생각과 성품을 갖는다는 말이다. 그리스도의 생각을 갖기 위해서는 하나님의 말씀을 읽고, 암송하고, 묵상하는 교사가 되어야 한다. 그 이유는 "하나님의 말씀은 살았고 운동력이 있어 좌우에 날선 어떤 검보다도 예리하여 혼과 영과 및 관절과 골수를 찔러 쪼개기까지 하며 또 마음의 생각과 뜻을 감찰"(히 4:12)하기 때문이다. 하나님과 관계의 긴밀함과 소홀함은 곧 주일학교 교사의 영성에 영향을 미친다. 교사는 어떻게 하여야 영적인 자질을 갖출 수 있는가?

"네가 진리의 말씀을 옳게 분변하며 부끄러울 것이 없는 일군으로 인정된 자로 자신을 하나님 앞에 드리기를 힘쓰라"(딤후 2:15)는 구절에서 '부끄러울 것이 없는 일군으로 인정된 자'는 영적인 자질을 말한다. 곧 교사는 인정을 받아야 한다. 일반학교 교사는 국가로부터 인정을 받아 교사자격증을 받고 학교로부터 인정을 받아 교단에서 가르친다. 그러면 주일학교 교사는 누구로부터 인정을 받아야 하는가?

주일학교 교사는 담임목회자의 인정이나 자신이 가르치는 반학생들의 인정을 받기 이전에 하나님의 인정을 받아야 한다. 하나님의 인정을 받기 위해서는 '부끄러울 것이 없어야' 한다. 하나님께서는 사람의 생각, 말, 행동을 보시므로 바울 사도는 복음을 전하다가 사람들로부터 많은 고난을 받았으나 복음과 주님을 부끄러워하지 않았다.

바울은 고난 가운데서도 자신이 그리스도의 사도요, 종이요, 복음 전하는 자임을 부끄러워하지 않았다. 어떻게 하면 그러한 교사가 될 수 있을까? 바울은 빌립보 성도들에게 나의 간절한 기대와 소망을 따라 아무 일에든지 부끄럽지 아니하고 오직 전과 같이 이제도 온전히 담대하여 살든지 죽든지 내 몸에서 그리스도가 존귀히 되게 하려 하기를 원하는 마음을 가지라고 권한다(1:20). 좀 더 구체적으로 말하자면 주일학교 교사로서 담대함을 가지고 있어야 한다. 그러므로 자신이 주일학교 교사임을 부끄러워하거나 교사의 직분을 하찮은 것으로 여겨서는 안 된다. 그리고 바울과 같은 담대함을 가지기 위해서는 복음에 대한 확신을 가지고, 복음을 바로 알아야 한다.

영적인 자질을 가진 사람은 실천할 뿐 아니라 반학생들도 말씀대로 실천할 수 있도록 동기를 유발한다. 바울은 이러한 자질을 데살로니가 성도들에게서 보았다. 그는 데살로니가 성도들에게 편지를 쓰면서 "너희가 모든 믿는 자의 본이 되었다"(살전 1:7)고 말한다. 교사는 모방성이 강한 어린이들 앞에, 감수성이 강한 십대 청소년들 앞에 노출되어 있는 공인(公人)이다. 이러한 교사는 무대 뒤로 숨을 수가 없다. 주님께서 제자들에게 "너희는 세상의 빛이라 산 위에 있는 동네가 숨기우지 못할 것이요 사람이 등불을 켜서 말 아래 두지 아니하고 등경 위에 두나니 이러므로 집안 모든 사람에게 비취느니라 이같이 너희 빛을 사람 앞에 비춰게 하여 저희로 너희 착한 행실을 보고 하늘에 계신 너희 아버지께 영광을 돌리게 하라"(마 5:14-16)고 하셨다.

실천적인 자질이다

바울은 디모데에게 "네가 진리의 말씀을 옳게 분변하며 부끄러울 것이 없는 일군으로 인정된 자로 자신을 하나님 앞에 드리기를 힘쓰라"(딤후 2:15)고 권면하신 말씀 중에서 '자신을 하나님 앞에 드리기를 힘쓰라'는 구절은 교사의 실천적인 자질을 말하고 있다. 실천적 자질이란 무엇인가?

첫째, '힘쓰라' 는 권면을 따르는 것이다. 이 말은 '계속하라' 는 의미이다. 주일학교 교사는 무엇을 계속해야 할 것인가? 교사로서 계속 실천해야 할 것은 '연구하는 일' 이다. 아주 작은 일에서부터 실천할 수 있다. 모든 그리스도인들에게도 그러하지만 특히 교사에게 필요한 것은 매일 성경을 읽고 기도하는 일이다. 특히 성경읽기로는 매일 세 장씩 읽는다든지, 아니면 한 장씩을 읽는다든지, 혹은 성경 몇 구절씩과 함께 매일의 영적 양식을 위한 말씀묵상지 '복 있는 사람' 을 사용할 수 있다.

둘째, 자신을 드리되 '누구에게' 드릴 것인가를 잘 선택하는 능력이다. 선택은 매일 생활에서도 중요하고 인생살이에서도 중요하다. 아침에 집에서 나와서 직장까지 갈 때 출근하는 차들로 길이 번잡하다. 어떤 차선은 꼼짝 달싹할 수 없는가 하면 다른 차선은 상대적으로 좀 소통이 된다. 어떤 차선을 선택해서 운전하느냐에 따라 좀 더 수월하게 출근할 수도 있고 길 위에서 시간을 더 많이 보내야 할 수도 있다. 매일의 생활에서의 이러한 사소한 선택도 중요하나 가장 중요한 것은 일생을 사는 동안 누구를 주님으로 선택하느냐의 문제이다.

셋째, '자신을 드리기를' 왜 힘써야 하느냐의 문제이다. 이 세상에는 유혹이 많다. 우리는 바른 사람, 정직한 사람이라는 말보다 멋진 사람, 융통성이 있는 사람이라는 말을 듣기 좋아한다. 누구든 주님을 구주로 고백할 때 성화되고 그리스도인이 된다. 동시에 성화는 그리스도인들이 평생을 두고 실천해야 할 부분이기도 하다. 영적인 삶은 현재적인 것이지 과거사적인 것이 아니다. 그러므로 이러한 성화를 위해서는 끊임없는 영적인 투쟁과 노력이 필요하다.

✣ 학습 문제

1. 담임목회자가 교사를 임명할 때 무엇을 기대하여 교사로 임명하였는지 이유를 설명하시오.

2. 20세기에 제시된 대표적인 발달이론을 간단히 설명하시오.

3. 이상적인 주일학교 교사의 모습을 말하시오.

4. 주일학교 교사의 본질을 설명하시오.

5. 교사가 가져야 할 성경적 가치의 근거를 설명하시오.

6. 교사가 가르쳐야 할 이유를 설명하시오.

7. 주일학교 교사가 알아야 할 사실적 지식들 나열하시오.

8. 교사가 영적인 자질을 갖는다는 것은 무엇을 의미하며, 그러한 자질을 갖추기 위해 실천해야 할 것은 무엇인지 설명하시오.

9. 주일학교 교사의 실천적인 자질에 대하여 설명하시오.

 3장

교사는 누구를 가르치는가?

1. 서론

교사가 가르치는 대상은 예수님을 믿는 주일학교 학생들이다. 교사가 가르치는 대상인 사람은 하나님의 형상으로 창조되었기 때문에 다른 피조물과 구별된다. 하나님의 형상인 인간은 하나님께서 가지고 계신 특성의 하나인 합리성을 지니고 있다. 합리성은 사람들로 하여금 학습할 수 있는 능력을 보장한다. 이러한 합리성은 어떤 것을 판단할 수 있는 능력을 뜻하고, 더불어 그러한 판단능력에 근거하여 행동할 수 있는 능력을 말한다. 그러나 학습자에 대한 구체적인 이해는 각 사람이 가지고 있는 철학에 따라 달라진다. 주일학교 교사가 반학생들을 효과적이고 효율적으로 가르치기 위해서는 가르치는 대상에 대한 이해를 필요로 한다. 교사가 가르치는 반학생들이 속하여 있는 시대적, 환경적, 교육적 여건을 살펴보자.

시대적 여건

첫째, 현대주일학교 반학생들이 사는 시대적 여건은 어떠한가?

정보화 시대

이들은 거의 모든 정보를 소유하고 있다. 책을 통해서가 아니라 인터넷을 통해서인데 접속하기만 하면 언제든지 어떤 정보든지 찾아낸다. 얼마 전 영국에서 오 년 전에 바다에 배를 타고 나갔다가 실종된 사람이 갑자기 나타난 사건이 있었다. 매스컴은 며칠간 온통 떠들썩했지만 한 사람이 인터넷 검색을 통하여 그들의 사기극을 밝혀냈다. 지금은 세상의 모든 정보가 각 가정의 모든 방까지 들어와 있는 상태이다.

컴퓨터 시대

지금의 청소년들은 'N세대'라고 한다. 책보다는 컴퓨터로 필요한 자료를 쉽고, 빠르게, 편리하게 찾아 사용하기 때문이다. 지금의 어린이들을 '엄지족'이라고도 한다. 두 손 엄지만을 사용해서 핸드폰으로 문자를 보내기 때문이다. 그러나 컴퓨터나 핸드폰에 익숙해지기 위해서는 많은 시간을 투자해야 한다. 반학생들도 이 시대의 흐름에서 뒤떨어지지 않으려면 그만큼 노력해야 한다. 이것이 요즘 십대들의 스트레스다.

물질만능 시대

현대사회는 돈을 가지고 하지 못할 일이 없으므로 물질을 최고의 가치로 삼는다. 사람의 생각을 바르게 하고, 깊게 해주는 정신은 수단에 지나지 않고 물질이 모든 사람들의 목적이 되었다. 심지어는 교회에서 조차도 믿음으로 주의 사역을 하려는 것이 아니라 물질로 주의 사역을 하려고 하고, 할 수 있다고 생각한다.

　이러한 시대와 사회에 사는 N세대인 그들도 모방의 대상을 필요로 한다. 그들에게 공부의 모방대상, 성공의 모방대상은 있다. 몇 년 전부터 '다니엘 학습법' 이 교인들 사이에 큰 반향을 불러일으켰다. 저자가 그리스도인이라는 점과 국내의 최고대학을 아주 우수한 성적으로 졸업했기 때문이다. 요즘은 어떻게 해야 공부를 잘하고 성적을 올릴 수 있느냐 하는 것은 사회적 이슈이고 모방의 대상이 있다. 물질적, 사회적 성공의 모방대상들도 있다. 어릴 때 가난한 가정에서 태어났으나 여러 어려움을 견디고 노력하여 자수성가를 이룬 사람들의 이야기도 많다.

　그러나 문제는 신앙의 모방대상이 있는가이다. 우리 주위에 누가 어린이들의 신앙의 모방대상이 될 수 있는가? 부모? 목회자? 교회 중직자? 교회 선배들? 그들도 반학생들의 모방의 대상이다. 그러나 주일학교 어린이와 청소년들에게 가장 가까이 있는 주일학교 교사가 최선이자 최고의 모방대상이다. 만일 교사들이 기도하면서 "하나님! 나의 반학생들이 나와 같은 신앙인이 되게 해주세요!"라고 할 수 있으면 얼마나 좋을까? 얼마나 많은 교사가 그렇게 기도할 수 있을까?

　주일학교 교사이든 어린이든 청소년이든 간에 교회 문을 나가면 온갖 유혹이 성난 파도처럼 다가온다. 우리나라와 교회는 어떤 평가를 받고 있는가? "동방예의지국"이요, "세계에서 기도를 많이 하고, 대형교회가 많은 나라"이다. 그래서 세계 각국 교회지도자들이 새벽기도, 제자훈련, 그리고 목회를 배우러 한국교회를 찾아온다.

　그러나 사회의 다른 한 면은 완전히 다른 세상임을 매스컴을 통하여 전해 듣는다. 동방예의지국이고 부모를 잘 모시는 사회라는 평가에서 이제는 부모가 돈이 없으면 세계의 어떤 나라에서보다 부모 대접을 받지 못하는 나라가 되었다. 기도를 많이 하고 크게 부흥하는 교회가 많지만 존경을 받는 교회지도자나 모범적인 교회는 그리 많아 보이지 않는다. 주일학교 학생들은 어릴 때부터 어떻게 하면 다른 학생들과 '더불어' 살 것인가를 배우기보다 어떻게 하면 다른 학생들을 '이길' 것인가를 배운다. 신앙과 상식에 따라 사는 것보다 어떻게 하면 설정한 목표를 성취할 것인가에 관심이 더 많다. 이러한 것이 주일학교를 둘러싼 사회와 교회의 환경이다.

환경적 여건

둘째, 반학생들이 사는 환경적 여건은 어떠한가?

사회 환경 여건

선교초기인 19세기 말부터 1960년대 전까지는 우리나라의 정치, 경제, 사회적 여건이 매우 어려웠다. 정치적으로는 식민지로서의 억압, 군사정권 하에서의 억압이 있었다. 경제적으로는 일제로부터 수탈을 당하고 재정자립을 할 수 없어 미국의 잉여농산물 원조가 국가의 예산을 보충해주었다. 사회적으로는 일제통치와 북한의 위협으로 인하여 늘 불안이 조성되었다. 그러나 지금 주일학생들이 살고 있는 사회는 정치적으로 안정되어 개인의 자유가 보장되고, 경제적으로 풍부하여 개인의 욕구를 충족하고, 사회적으로 질서가 잡혀있어 자아성취가 가능하다.

시설여건

일제 강점기와 해방초기는 국가적 여건이 열악하였으므로 자연히 교회의 환경도 어려웠다. 그러나 물질적 어려움에도 불구하고 해방초기 때까지만 하여도 교회는 사회의 선도적 기능을 하였다.

그러나 1960년부터 국가경제의 급속한 성장으로 최근의 교회는 시설과 물질적인 환경이 많이 좋아졌으나 아직도 지방에 있는 많은 미자립 교회, 도시에 있는 많은 개척교회들은 여전히 환경적 여건이 열악하다. 교육공간을 생각해보자. 대부분 교회는 교육관이 없거나 매우 협소하다. 외형적으로는 매우 현대화된 대형건물을 가진 교회도 교육시설은 열악하다. 건물이 크지만 출석하는 성도들의 수가 비례하여 많기 때문이다. 이제는 우리교회도 교육환경에 대한 투자에 힘써서 주일학교 교육의 환경수준을 높여야 한다.

교육 환경 여건

교육적 환경여건을 좁혀서 주일학교의 교육환경을 생각해보자. 아직도 주일학교 교육환경은 좋지 못하다. 좋은 교육을 위해서는 좋은 교사, 좋은 교재, 좋은 환경이 필요하나 교회의 사정은 그렇지 못하다. 좋은 교재, 좋은 환경은 교회의 재정형편에 따를 수밖에 없으므로 부득이하다. 그러나 좋은 교사는 교회교육지도자와 교사 자신의 열심으로 개선될 여지가 있다.

2. 철학적 관점

철학에는 크게 세 영역 곧 형이상학, 인식론, 가치론 등이 포함된다. 하나씩 살펴보자.

형이상학

형이상학은 "궁극적으로 실재하는 것은 무엇인가"를 탐구하는 학문으로 이러한 형이상학적 탐구는 다시 네 가지 세부영역으로 나누어진다.

첫째는, 우주론적 측면이다. 이는 "우주가 어떻게 유래되고 발달해 왔느냐"를 묻고 탐구한다.

둘째는, 신학적인 측면이다. 이는 하나님에 관한 그리고 하나님의 개념에 대한 것으로서 "하나님은 존재하시느냐", "하나님은 한 분이냐 아니면 여럿이냐", "하나님의 속성은 무엇이냐"를 묻고 탐구한다. 하나님의 속성인 내재와 초월을 중심으로 한 분류에는 유물론(Materialism or Atheism), 초연신론(超然神論 Deism), 범신론(Pantheism), 그리고 유일신론(Theism)이 있다. 유물론자들은 하나님의 내재성과 초월성 모두를 부인하고, 초연신론자들은 하나님의 초월성은 인정하나 내재성은 인정하지 않으며, 범신론자들은 하나님의 내재성은 인정하나 초월성은 인정하지 않고, 유일신론자들은 하나님은 초월성 뿐 아니라 내재성을 인정한다.

셋째는, 인간에 대한 연구를 하는 인간학이다. 인간학에서는 "마음과 육체의 관계는 무엇인가", "마음과 육체는 상호작용을 하는가", "마음은 육체보다 더 기본적인가 아니면 그 반대인가", "인간의 도덕적 상태는 어떠한가" 등을 묻고 탐구한다.

넷째는, 존재의 본질과 의미를 연구하는 본체론은 "무엇이 존재한다는 것이 의미하는 것은 무엇인가"를 묻고 탐구한다.

인식론

인식론은 "참은 무엇인가", "어떻게 아는가" 등을 탐구한다. 인식론에는 인식론적 질문, 평가론적 질문, 발생학적 질문, 방법론적 질문, 그리고 교육학적 질문 등이 포함된다. "지식이란 무엇인가?"라는 질문과 같은 인식론적 질문, "어떤 지식이 가장 신뢰할 수 있고 중요한 것인가"와 같은 평가론적 질문, "지식은 어떻게 생기는가?"와 같은 발생학적 질문, "지식에 대한 탐구는 어떻게 해야 하는가?"와 같은 방법론적 질문, "어떻게 해야 지식을 잘 가르칠 수 있는가?"와 같은 교육학적 질문 등이 있다.

지식 혹은 앎에 대한 이해는 철학적인 관점에 따라 다르다. 이러한 철학적 관점은 크게 세 가지 곧 합리주의적, 경험주의적 그리고 실용주의적 관점으로 나눌 수 있다.

첫째, 합리주의적 관점의 대표적인 모델은 수학이다. 이러한 합리적 지식은 보편적이며 필수적인 것으로 경험에 근거하지 않으며 실험이나 조사나 통계를 필요로 하지도 않는다.

둘째, 경험주의적 관점에서의 모델은 자연과학이다. 존 록크는 사람의 마음은 태어날 때는 백지(a tabula rasa)라고 하였다. 그리고 어떤 지식을 가지게 되는 것은 경험 때문이라고 하였다. 물론 마음은 비교하고, 분석하고, 일반화할 수 있는 능력을 가지고는 있으나 이러한 능력을 넘어서는 모든 지식은 관찰에 의존한다고 주장한다. 따라서 이상적인 교육은 논리성을 훈련할 뿐 아니라 경험으로부터 배우는 것이다.

셋째, 실용주의적 관점에서는 경험의 실험적인 면을 강조한다. 마음은 지식의 보고(寶庫)도 아니고 백지(白紙)도 아니고 다만 환경에 의하여 제기된 문제를 해결하려는 유기체가 적극적으로 작동할 수 있는 능력 그 자체라는 입장이다.

인식론의 주제인 지식의 원천으로는 감각, 이성, 계시, 직관, 그리고 권위를 말하고 있으나 각 철학의 특성에 따라 이것을 강조하기도 하고 저것을 무시하기도 한다. 경험론자들은 감각을 지식의 원천으로 간주한다. 그러나 기독교 인식론에서는 경험주의나 이상주의의 인식론과는 달리 계시를 지식의 최고의 원천으로 삼고 여기에 감각과 이성을 보완적 요소로 간주한다.

하나님과의 관계를 떠나서 인간을 알 수 있는가? 이 질문은 철학적, 사회학적, 생물학적인 차원에서만 아니라 심지어는 신학에서도 탐구하고 있다. 예를 들면 인간의 본질을 지적 능력의 측면에서 추구한다던가, 인간존재를 발견하고 분석하기 위하여 중립적이거나 독립적인 방법으로 연구하는 것 등이다. 그러나 이런 관점에서는 인간의 성경적 관점의 인간을 보기 어렵다. 왜냐하면 성경은 결코 사람을 독립적인 존재로 말하지 않고 하나님 앞에서의 존재로 생각하기 때문이다. 칼빈은 "사람은 자신에 대한 참된 지식을 갖기 위해서는 먼저 하나님의 성품을 묵상해야 하고 그 후에 그러한 묵상에서 자신에 대한 생각을 할 수 있다"(강요 I, i, 2)고 하였다.

가치론

가치론은 "무엇이 가치인가"와 같은 질문을 탐구한다. 가치라 할 때에는 두 종류의 가치 곧 인식가치와 작동가치가 있다.

첫째, 인식가치는 어떤 것을 가치가 있다고 인식하고 가치를 의미한다. 그러나 이렇게 인식은 하지만, 실제적으로 그렇게 살지 아니한다.

둘째, 작동가치는 스스로 인식한 그대로 행동하는 가치를 가리킨다. 성경말씀이 작동가치가 될 때 그리스도인은 참된 그리스도인이 된다. 어떤 사람이 종교인이 되기 위해서는 자기가 믿는 경전의 가르침대로 살아야 참된 종교인이 될 수 있다. 철학자나 사상가에 있어서도 마찬가지이다. 그러므로 교사의 역할은 반학생들이 인식해야 할 것을 가르치고, 또한 그대로 살도록 해야 한다.

이러한 가치는 다음과 같은 다양한 성질을 지니고 있다.
- 가치는 가변성과 함께 어느 정도의 지속성을 지니며
- 인지적, 정의적, 행동적 요소를 지니고
- 행위의 양식 혹은 생활의 목적 상태를 보여주며
- 개인적으로나 사회적으로 어떤 것이 더 낫다고 생각하고 판단한다.

이러한 가치에는 두 영역이 있는데 하나는 도덕적인 가치와 행위에 대한 것으로 "나는 무엇을 행하여야 하는가?", "선한 삶이란 무엇인가?", "무엇이 선한 행위인가?" 등을 연구하는 윤리학이다. 윤리학을 도덕과 동일시하는 경우가 있는데 이러한 혼동은 두 분야에 유사점이 있기 때문이다. 그러나 그 둘 사이에는 상이점도 있다. 도덕은 서술적인 의미로서 현실을 반영

하는 것인 반면에 윤리는 당위적인 의미로서 해야 할 것을 말한다.

20세기의 철학 중에서 실용주의나 실존주의 철학은 주관주의적이거나 상대주의적인 성격을 띤다. 이러한 상대주의적 철학의 내용인 불확실한 형이상학과 주관적이며 상대적인 인식론과 가치관을 지니고서는 교사가 올바른 진리로 반학생들을 인도할 수가 없다. 그 이유는 가치관이 상대적이라고 할 때는 교사가 참이라 하는 것과 학생들이 참이라 하는 것이 다르므로 교육이 성립될 수가 없기 때문이며 또한 학습자인 사람을 바라보는 관점도 다르기 때문이다.

인간관에 대한 이해

학습자인 인간관에 대한 이러한 세 철학들이 지닌 관점을 생각해보자.

실용주의 인간관

실용주의는 20세기 미국 교육에서 가장 큰 영향력을 발휘한 경험중심의 철학이다. 이는 듀이(John Dewey)에 의하여 체계화된 사상으로써 그 기본적인 신념은 자신의 경험만을 실재로 인정한다. 실용주의는 인간을 하나님의 형상이 아니라 역동적이고 행동하는 유기체로 본다. 즉 인간을 지속적인 진화의 산물로 간주하며 '전인(全人)'은 영혼이 없는 존재로서 다른 유기체와 상호작용을 하는 행동하는 유기체에 불과하다.

행동주의 인간관

행동주의 심리학자인 스키너(B. F. Skinner)에게는 인간은 과학적 분석의 대상이다 인간은 자율적으로 행동하는 존재가 아니라 환경적 조건에 의해 통제된 행동을 하는 존재이므로 인간의 행동의 원인이 되는 자극이 무엇인지를 알면 그 자극에 대한 인간의 반응을 알 수 있다고 생각한다. 스키너에게는 인간은 도덕적이거나 책임있는 존재가 아니고 단순한 기계요 진화적 적자생존과 환경적 조건화의 산물이다.

실존주의 인간관

△ 키에르케골

실존주의는 19세기 철학자인 키에르케골(Soeren Kierkegaard, 1813-1855)에서 시작된 것이다. 그에게서 중요한 사상은 전체 인생관과 세계관이 포함된 '외톨이'다. 그는 인간존재의 실존이란 개념적인 것이 아니라 외톨이로서 이는 실현되어야 할 존재로 보았다. 키에르케골의 실존하는 외톨이는 자유롭고, 자발적이며 내면적인 행위를 통하여 계속적으로 가능성에서부터 현실로 움직여 감으로 결코 완성되지 않는 존재이다.

듀이에게 '경험'이 교육이라면 키에르케골에게는 '어떤 존재로 되어감'이 교육인 것이다. 외톨이는 자유롭게 선택하는데 이것이 그 존재의 기본적 속성이다. 그러므로 실존하는 외톨이는 자신의 건축자로서 자신의 선택을 통하여 자신의 모습을 규정하여 간다. 이는 하나님의 절대적 주권을 강조하는 기독교 유신론과 다르며, 또 인간의 자유를 부인하는 행동주의의 기계적 결정론과도 다르다.

성경은 하나님의 형상과 모양으로(창 1:26-27) 창조된 인간을 하나님께서는 "천사보다 조금 못하게 하시고 영화와 존귀로 관을 씌우시고 주의 손으로 만드신 것을 다스리게 하시고 만물을 그 발아래 두셨다"(시 8:5-6)고 말한다. 그러나 철학적 관점에서의 인간이해는 성경적 관점과는 다르다. 사람을 자신의 현재 경험을 확대할 수 있는 능력을 지닌 행동하는 유기체라고 여기는 실용주의 인간관, 사람을 기계로써 다른 사람을 조작할 수 있도록 조작된 존재라고 보는 행동주의 인간관, 사람을 자신의 삶을 스스로 건

축할 수 있는 자율적인 개인이라고 간주하는 실존주의에 근거한 인간관은 성경의 인간관과 분명히 구별된다.

이러한 구별은 필연적으로 교사관, 학생관, 교육목표, 교과과정, 그리고 교육 방법론에 있어서도 차이를 가져온다. 따라서 비성경적 철학에 기초해서는 올바른 성경교육을 할 수 없다. 올바른 성경적 교육관을 정립하지 않은 주일학교 교사는 자기의 책임을 온전히 감당할 수가 없다. 그러므로 그리스도인 교사에게 필요한 것은 기독교 철학이다. 왜냐하면 기독교철학의 형이상학은 자연주의와 인본주의에 근거하지 아니하고 신본주의에 근거하기 때문이다.

3. 사회과학적 관점

주일학교 교사는 누구를 가르치는가? 주일학교 교사가 가르치는 반학생들은 어떤 존재인가? 반학생들의 본성은 무엇인가? 등의 물음은 사회과학적 관점에 속한다. 이러한 물음에 대한 대답은 중세시대 까지는 하나님의 형상과 모양으로서의 인간 피조물이라는데 이견(異見)이 없었다. 그에 따라 교육은 자연히 교사에 초점을 두게 되었다.

경제적으로는 산업혁명시대이고, 정치적으로는 근세시대, 문화적으로는 문예혁명시대, 그리고 종교적으로는 종교개혁시대인 16세기에는 발명과 발견이 가져다 준 과학의 발달이 있었고, 19세기 후반에는 사회과학 분야의 발전과 실재에 대한 유물론적 관점의 영향으로 행동주의 심리학이 발달하였다. 행동주의 심리학은 인간을 이해하려 할 때 자극에 반응하는 신체적인 행동만을 인정하기 때문에 인간을 행동하는 존재로 간주한다. 또 다른 사회과학 분야에서 발달한 이론은 진화론이다. 그러므로 이 절(節)에서는 다윈의 진화론과 프로이드의 정신분석 방법에서 이해하는 인간론을 개략적으로 살펴보고 사회과학적 관점에서의 인간관과 발달심리학적인 면에서의 인간을 살펴보려고 한다.

과학적 인간론

△ 다원

과학영역에서의 진화론은 다윈에게 그 기원을 둔다. 다윈(Charles Darwin, 1809-1882)은 1859년 「종의 기원」(Origin of Species)을 통하여 인간이해에 대한 새로운 장(場)을 열었다. 다원은 중세를 통하여 유지되어오던 하나님의 특별한 피조물로서의 인간이해를 자연적 진화적 출현이라는 관점으로 대체하였다. 다윈은 생명체의 존재과정을 진화하는 물질에서 작동하는 힘의 우연한 결과로 설명한다. 무기물에서 유기물로, 하등 생물체에서 고등 생물체로 꾸준하게 발전해간 결과로 인간이 존재하게 된 것으로 말한다.

이는 인간관에 대한 기독교적인 관점을 거부하는 것으로 다윈이 시도한 첫 번째 일은 죄의 기원과 도덕성에 대한 설명이었다. 피스크(John Fiske, 1842-1901)도 죄의 문제를 인간의 동물적 성향에서 찾는다. 그는 죄를 동물적 본성의 계승과 탈피로 본다. 그런 한편으로 진화론적 가설과 기독교 신앙을 조화시키려는 시도를 하는 사람들도 있었는데 대표적인 사람인 테넌트(F. R. Tennant)는 죄를 하나님에 대한 반역이라는 명제를 부정하고 동물적 본성의 계승과 탈피로 보는 당대의 사상에 동조하였다. 그는 영아가 태어날 때의 무도덕적(無道德的) 상태를 죄로 보았다.

프로이드(Sigmund Freud 1856-1939)는 심리학의 측면에서 인간을 이해하였다. 인간을 자연적 존재로 이해한 프로이드의 정신분석 방법론에는

△ 프로이드

기독교신앙에 대한 적대감은 없다. 그는 인간본질 전체에 대한 연구를 하면서 제한적으로 신경조직의 원인과 치료에 관심을 두었으며 인간의 심리학적 구조에 근거하여 영적 실재를 부인하는 근거를 제공하였다.

요약하자면, 다윈이 옳다면 인간은 원숭이에 지나지 않고, 프로이드가 옳다면 인간은 성도착증(性倒錯症)을 가진 두발 달린 동물에 지나지 않는다. 다윈은 인간을 동물로만 보고 또 프로이드는 인간을 성적존재로만 봄으로써 두 사람 모두 인간본질을 온전하게 다루지 못하였다.

사회과학적 인간론

근세에 들어와 아동이해에 대한 재발견 후로는 교육의 중심이 교사에서 아동으로 이동하였다. 근세 전까지는 아동을 가르친다는 관점보다는 교과목을 가르친다는 관점이 일반적인 교육의 경향이었다. 효율적인 학습을 위해서는 연령에 따라 교육방법이 달라야 됨을 인식한 것도 근세 이후의 일이다. 이와 함께 20세기에 들어와서는 다양한 영역에서 발달이론이 제시되고 체계화되었다.

사회과학적 관점에서의 인간관에 대한 이해는 다양하지만 그 주장의 핵심은 아래와 같이 정리할 수 있다.

인간은 총체적 단위이며, 전체이고, 관계 속에서 사는 힘의 중심이다

인간은 살아있는 온전한 존재이므로 가르칠 때도 지정의(知情意)를 소유한 존재임을 전제로 가르쳐야 한다. 교사는 지(知)와 관련된 지식만을, 혹은 정(情)과 관련된 감정만을, 혹은 의(意)와 관련된 행동만을 가르쳐서는 안 되고 반학생들의 삶 전체 곧 그의 지식, 감정, 의지 모두를 가르쳐야 한다. 심리학이 인간을 하나의 총체로 보는 것과 마찬가지로 성경도 인간을 전인으로 그리고 총체적인 인격체로 본다. 그러므로 주일학교 교사는 영혼구원(on saving souls)보다 전인구원(on saving persons)을 강조해야 한다. 사도신경에서 "몸이 다시 사는 것"을 말하는 것에서와 같이 영혼구원보다 전인구원에 초점을 두는 것이 합당하다.

인간은 성장하는 존재이다

인간은 변화하고 성장하여 가는 존재이기 때문에 반학생들이 어떤 성장발달 단계에 있는지를 알면 보다 효과적으로 교수를 할 수 있다. 초등학교 아이들에게는 그들의 지적, 사회적, 도덕적, 그리고 영적 발달수준에 맞춰 가르쳐야 하고, 청소년들은 그들의 발달수준에 맞춰 가르치고, 장년을 가르칠 때는 그들 장년들의 발달수준에 맞춰서 가르칠 때 교육은 효과를 얻는다.

심리학자들은 성숙한 사람이 되면 스스로 올바른 판단을 하고, 정서적으로 안정되며 그리고 풍요한 삶을 누릴 수 있다고 생각한다. 반면에 그리스도인들은 사람이 하나님을 떠나서는 성숙한 삶의 수준에 도달할 수 없다고 생각한다. 인간은 많은 가능성을 가지고 있고 또 그 가능성을 개발하지만 동시에 언제나 하나님을 의지해야 하는 존재이기 때문이다. 곧 심리학자들은 어느 정도의 자율적인 수준에 이르게 되면 그것을 성숙이라 말하지만 그리스도인들은 하나님을 전심으로 의지하고 그와 긴밀한 관계를 갖는 상태를 성숙이라 말한다. 이러한 성숙은 저절로 얻어지는 것도 아니고 꾸준하게 지속적으로 이루어지는 것도 아니라는 점에서는 심리학자들과 그리스도인은 같은 견해를 가진다.

인간은 사회성을 지닌 존재이다

인간이 사회성을 지닌 존재라는 의미는 인간이 다른 사람과 교제할 뿐 아니라 서로 의존적인 관계를 형성함을 의미한다. 성경에 인간이 사회성을 지닌 존재임을 나타내는 구절(句節)로는 "여호와 하나님이 가라사대 사람의 독처하는 것이 좋지 못하니 내가 그를 위하여 돕는 배필을 지으리라 하시니라"(창 2:18)가 있다. 이 구절은 그리스도인들의 혼인예배에서 많이 들을 수 있는 것인데 그 교훈은 부부(夫婦)는 서로 의지하며 존경하면서 살아야 한다는 것이다. 부부관계에서와 마찬가지로 사회에서의 인간은 서로 간에 의존하며 사는 사회적인 존재이다. 모험적 삶의 대명사로 우리에게 알려진 로빈슨 크루소(Robinson Crusoe)의 경우는 특수한 것이지 인간의 모델은 아니다.

사회성을 지닌 존재라는 것에는 수평적인 교제 곧 인간 사이에서의 교제만이 아니라 수직적인 교제 곧 하나님과의 교제도 포함한다. 인간은 하나님과 교제하도록 지음을 받았으나 죄로 말미암아 그 교제가 끊어졌다. 아담의 불순종의 결과로 모든 인간은 죄인이 되었으며 동시에 인간은 사회성을 지닌 존재이므로 다른 사람에게서 죄의 영향을 받을 뿐 아니라 다른 사람에게 죄의 영향을 끼치기도 한다.

주일학교에서 가르치는 교사도 문화의 영향을 받는다. 동남아에서 우리나라로 관광을 온 사람들이 눈(雪)을 보고 너무 신기해하며 기뻐서 소리 지르는 광경이 보도되기도 하였다. 그들 동남아 열대지방의 사람들에게 눈을 말로는 설명할 수 있어도 이해시키기는 어렵다. 양(羊)을 본적이 없는 이리안자야 원시(原始) 부족에게는 예수님이 하나님의 어린양이라고 가르치기가 어렵다. 그 이유는 그들에게 양이라는 단어는 의미가 없는 개념이기 때문이다. 대신에 예수님을 하나님의 볼모로 가르친다면 이해가 가능하다. 왜냐하면 그들과 이웃 부족과의 전쟁을 막고 평화를 보장하는 방법으로 상대방 추장의 아들을 서로 볼모로 데리고 있어서 전쟁을 피하고 있기 때문이다.

인간은 개인적 특성에 있어 차이를 가진 존재이다

각 사람은 다른 사람과 구별되는 특별한 속성을 지니고 있다. 그러므로 주일학교 교사는 반학생들을 각기 다르게 대하기를 배워야 하고 그들의 개인 간에 존재하는 차이를 존중하는 태도를 배워야 한다. 이러한 점은 좀 더 세부적으로 구분해서 설명하면 다음과 같다.

첫째, 어떤 영역에서는 모든 인간이 같다.

모태에서부터 태어나고, 자라고, 죽기까지의 모든 생물학적인 그리고 인생살이의 과정은 모든 사람에게 같다. 그들은 모두 태어난 후에 발달하고 성숙해간다. 그리고 먹지 않으면 배고프고, 마시지 않으면 목마르며, 잠을 자지 않으면 졸리고, 일을 하면 피곤해지는 것도 같다. 인간의 이러한 삶은 외형적으로는 달라도 모두가 하나님의 섭리아래 있다.

둘째, 인간들은 모두가 같은 존재이다.

운동시합을 할 때 상대팀이 아무리 강해도 그들을 두려워할 필요가 없는 이유는 그들도 같은 사람이기 때문이다. 아무리 경험이 많아서 잘 가르치는 교사도 사람이란 점에서 경험이 없는 교사와 같은 존재이다. 아무리 성경지식이 많은 교사라도 사람이란 점에서는 성경지식이 적은 교사와 같다. 마찬가지로 주일학교 반학생들도 모두가 같은 점을 지니고 있다. 십대들은 십대들 나름대로 같으며 도시 아이들은 도시 아이들대로 같고, 지방 아이들은 지방 아이들대로 같다.

셋째, 어떤 면에서는 모든 인간은 다 다르다.

각 학급에 속한 학생들은 각기 독특한 점을 가지고 있다. 사고방식도 다르고, 행동양식도 다르고, 습관도 다르고, 반응도 다르다. 그러므로 주일학교 교사는 이러한 그들 사이의 차이를 고려해야 한다. 주일학교 교사는 반학생들이 그들 나름대로의 공통점을 지니고 있음과 아울러 그들 간에도 차이점이 있음을 알아야 한다. 좋은 주일학교 교사는 얼마간의 기간 동안 반학생들과 지나게 되면 그들의 특성을 인식함으로써 '갑'이라는 아이에게는 이러한 방법을, '을'이라는 아이에게는 저러한 방법을, '병'이라는 아이에게는 또 다른 방법을 써야 효과적이라는 것을 체득한다.

이러한 개인차에도 불구하고 모든 학습자들은 공통적으로 필요한 것들을 가지고 있다. 즉, 이들 모두 복음을 들어야 하며, 예수 그리스도를 영접해야 하며, 하나님을 경배해야 하며, 성령의 능력을 힘입어야 할 뿐 아니라 교회를 사랑하며, 성도들을 사랑하며, 그들을 가르치는 교사를 존중하고 사랑하기를 배워야 한다.

4. 성경적 관점

성경적 관점에서는 인간을 코람데오(Coram Deo)의 존재로서 항상 하나님 앞에서부터 떠나지 않는 존재로 본다. 성경에서는 인간을 하나님의 사람이라고 표현한다(딤전 6:11; 딤후 3:17). 그러므로 이 관계는 부가적(附加的)인 것이 아니라 인간존재의 본질이다. 성경은 동물과 인간의 차이점을 강조하는 동시에 인간의 특성에 관심을 갖는다. 성경은 인간을 하나님과의 관계 가운데서, 그리고 그의 매일의 삶이나 종교에서 하나님과 분리되지 않은 총체적 관점에서 보려고 한다. 종교도 자율적으로 만들어진 것이 아니라 이러한 관계에 대한 응답으로 본다. 다음으로는 성경이 인간을 어떻게 말하는가를 생각해보자.

성경적 인간관

구약과 신약은 인간에 대하여 말한다. 창세기 1장은 인간의 기원과 본질에 대하여 말하고 출애굽기 20장의 십계명 중 제6계명의 "살인하지 말지니라"는 계명은 인간의 존엄성을 의미한다. 사람은 다른 존재의 만족을 위하여 희생되는 짐승과는 구별되는 존재임을 보여준다. 이러한 인간의 본질에 대한 구약의 교훈을 살펴보자.

인간은 하나님의 특별한 피조물이다

인간은 우연히 또는 자연적으로 만들어진 존재가 아니다. 하나님께서는 모든 것을 만드시고 인간이 살기에 적당한 환경을 만드신 후에 인간을 창조하셨다. 창세기에서 하나님께서 물질과 생물들을 창조하실 때는 '그리고'(and)라는 단어로 연결되는데 인간을 창조하시는 창세기 1:26에서는 '그 후에'(then)라는 단어로 연결된다. 여기에서 '그 후에' 란 '물이 생물을 번성케 하고(창 1:20),' 땅이 채소와 과목을 내고(21), '생물이 그 종류를 따라 지어진'(24) 후 곧, 하나님께서 사람 이외의 모든 피조물의 창조를 마치셨을 때, 다시 말하면, 사람이 살만한 세상이 준비되었을 때를 말한다.

하나님은 물질을 창조하시고(창 1:3-10, 1:14-19), 생물을 창조하신 후에(창 1:11-13, 20-25), 영적인 존재인 인간을 창조하셨다(창 1:26-27). 그러나 하나님의 피조물인 인간의 타락으로 인간과 함께 땅과 생물 모두가 하나님의 저주를 받았다. 하나님께서 불순종의 죄를 범한 아담에게는 "네가 네 아내의 말을 듣고 내가 너더러 먹지 말라 한 나무 실과를 먹었은즉, 땅은 너로 인하여 저주를 받고 너는 종신토록 수고하여야 그 소산을 먹으리라"(창 3:17)고 하셨고, 여자에게는 "네게 잉태하는 고통을 크게 더하리니 네가 수고하고 자식을 낳을 것이며 너는 종신토록 수고하여야 그 소산을 먹으리라"고 하심으로 잉태의 고통을 더 하셨다(창 3:16-17). 모든 생물들 중 뱀에 대해서는 "네가 이렇게 하였으니 네가 모든 육축과 들의 모든 짐승보다 더욱 저주를 받아 배로 다니고 종신토록 흙을 먹을지니라"(창 3:14)고 저주하셨다.

창세기 2:7은 하나님께서 사람을 창조하실 때의 특징 세 가지를 말한다. 첫째, 사람을 흙으로 지으시고, 둘째, 생기를 그의 코에 불어넣으시고, 셋째, 그를 생령으로 만드셨다.

　이는 인간은 하나님의 특별한 피조물임을 말한다. 하나님의 특별한 피조물이라는 말의 의미는 첫째, 인간은 하나님께 의존해야 하는 존재임을 말한다. 이는 하나님은 창조주요 사람은 피조물이라는 사실에 근거한다. 둘째, 인간은 하나님과 다르다는 점이다. 인간은 시작이 있으나 하나님은 태초부터 존재하신다. 하나님은 사람의 원형이시지만(민 23:19) 사람은 형상이다(호 11:9). 구약은 하나님과 사람의 차이를 강조하면서 창조주로서의 하나님과 피조물로서의 인간을 비교한다.

인간은 하나님과 특별한 관계에 있다

　인간의 특징은 그가 하나님의 형상대로 창조되었다는 것이다(창 1:26-7, 5:1-3, 9:4-6). 창세기 1:26은 "하나님이 가라사대 우리의 형상을 따라 우리의 모양대로 우리가 사람을 만들고"라고 말한다. 저스틴 마터(Justin Martyr 100-165)와 이레니우스(Irenaeus 2세기-2세기말)는 이 구절에서 말하는 '형상'과 '모양'은 다른 의미를 가진 것으로 말한다. 즉, 형상은 신체적 형태를 지적하는 것이고, 모양은 사람의 영적인 본질을 의미한다고 하였다.

　그러나 종교개혁시대 이후에는 이러한 구분을 받아들이지 않고 두 개념을 같은 의미로 본다. 인간은 하나님의 형상이란 말에서 '형상'은 하나님의 특성을 말한다. 이러한 '형상'은 육체적인 특성이 아니라 영적인 특성을 의미한다. 왜냐하면 하나님은 육체가 없으시기 때문에 인간이 하나님의 육체적인 특성을 가질 수 없기 때문이다.

　사람이 동물과 다르다는 것은 창조 때부터 나타난다. 창세기 1:24의 동물창조에 대한 서술에서는 하나님께서 "짐승을 종류대로 내라"고 하셨으나 1:26-27의 인간창조에서는 "우리의 형상을 따라 우리가 사람을 만들고"라고 하셨다. 이는 하나님과 사람의 관계가 하나님과 동물의 관계보다 긴밀함을 보여준다. 이는 인간의 우월성을 의미한다. 더 나아가 하나님은 사람에게 동물을 지배하도록 하셨을 뿐 아니라 사람에게만 종교성과 더불어 종교적 명령을 주셨다. 창세기 2:16-17에 "하나님이 그 사람에게 명하여 가라사대 동산 각종 나무의 실과는 네가 임의로 먹되 선악을 알게 하는 나무의 실과는 먹지 말라 네가 먹는 날에는 정녕 죽으리라 하시니라"고 하신 것은 하나님께 대한 순종을 통하여 하나님만 경배하라는 종교적 교훈이다.

하나님께서는 또한 사람에게 언어를 구사할 수 있는 능력을 주셔서 사람만이 언어를 가지고 있다. 하나님께서 아담에게 "네가 어디 있느냐"고 물으실 때 "내가 벗었으므로 두려워하여 숨었나이다"(창 3:9-10)라고 아담은 대답하였다. 동물은 언어능력이 없고, 죄를 지을 수 없고, 도덕적인 행위를 할 수 없고, 종교적 의식을 행할 수 없고, 의사소통을 할 수 없으나 사람은 이 모든 것을 할 수 있는 것은 하나님의 형상이기 때문이다. 이러한 하나님의 형상이란 사람이 소유하는 그 무엇이 아니고 사람의 본질이다.

신약성경의 인간관

신약성경이 말하는 인간관을 생각해보자.

첫째, 바울은 그리스도의 구원의 복음과 인간의 전체 삶과 연관하여 인간을 본다.

둘째, 예수님께서는 인간을 원래 창조된 목적을 이루기 위하여 외적인 도움을 필요로 하는 존재로 보셨다. 인간을 최고의 가치를 지니고 있는 것으로 보셔서 사람들을 자유하게 하셨으며, 어떤 제도나 규례보다 사람을 중요시하셨다. 예수님은 마가복음 2:27에서 "안식일은 사람을 위하여 있는 것이요 사람이 안식일을 위하여 있는 것이 아니라"고 하셨다. 또한 사람을 영생하는 존재로 보시고 "너희를 위하여 보물을 하늘에 쌓아두라"(마 6:20)고 하셨다.

셋째, 구원의 필요성의 관점에서 죄인 된 인간을 본다. 창세기 1장에서는 인간이 하나님의 형상으로 선하게 창조되었다고 했으나 창세기 3장에서는 그러한 하나님의 형상이 오염되었다고 말한다. 인간의 부패되었다고 주장함은 칼빈이나 프로이드가 같지만 차이점은 프로이드와 달리 칼빈은 부패된 인간본성이 구속 받을 수 있다고 말한다. 즉 칼빈은 희망적이나 프로이드는 염세적이다. 인간은 용서를 바라며 죄를 고백함으로 예수 그리스도를 통한 구원을 필요로 하는 존재이다.

넷째, 인간은 구속 받을 수 있는 존재로 본다. 하나님은 인간을 구속하시고, 새로운 피조물로 만드시고, 예수 그리스도 안에서 그리고 그를 통하여 구원을 주신다. 그럼에도 불구하고 인간은 땅에 사는 동안 그 성품이 완전에 이르지 못하고(롬 7) 일생을 사는 동안 세상적인 것과 영적인 것 사이에서 갈등한다. 그래서 바울은 로마서 7:19에서 "내가 행하려는 선은 행치 아니하고 악을 행한다"고 고백한다. 구속을 받은 사람 속에도 이러한 옛사람의 흔적이 남아있다.

이러한 성경적 인간관이 기독교교육에 주는 의미는 오염된 하나님의 형상(形象) 회복이 우선되어야 한다는 것이다. 이를 위하여 주일학교 교육은 교사중심이나 아동중심이 아니라 하나님 중심이어야 하고 그 활동은 성령 하나님과 인간 교사가 협력하는 사역이다. 주일학교 교사는 인간의 긍정적인 면을 강조하고 부정적인 면은 줄여갈 때 성령의 역사에 의존해야 한다.

기독교교회사에 나타난 인간관

신학적, 성경적 인간관에 이어서 교회역사에 나타난 인간관에 대한 흐름을 살펴보면 다음과 같다.

초대교회의 교부들인 로마의 클레멘트(Clement, ?-99), 폴리캅(Polycarp, 69-155), 바나바(Barnabas, ?-61), 이그나시우스(Ignatius,

35-107) 등은 조직신학적인 인간론을 배제하고 성경적 인간관을 추구하였다. 그들의 글에서 복음서의 값없는 용서교리를 찾을 수 있다. 폴리갑과 이그나시우스는 "너희가 그 은혜를 인하여 믿음으로 말미암아 구원을 얻었나니"(엡 2:8상)라고 한 바울의 말을 인용하였다.

2세기에 이르러 인간관에 두 가지의 흐름이 나타났다

첫째, 저스틴 마터(Justin Martyr, 100-165)의 인간관: 그는 사람은 의지의 자유가 있으므로 자신의 잘못과 죄에 대한 책임을 진다고 하였다. 곧 죄는 유전되는 것이 아니라 개인의 자결정적 행위의 결과에서 오는 것이라 하였다. 이것이 동방교회 인간관의 특징이며 펠라기우스(Pelagius, 354-420)에서 절정을 이룬다.

둘째, 이레니우스(Irenaeus)의 인간관: 이는 죄의 보편성을 강조하는 것으로 그 근원은 아담의 범죄에 둔다. 죄가 모든 인류에게 전가(轉嫁)되었다는 관점이 서방교회 신학의 특성이었다. 첫 사람 아담의 범죄의 결과로 죄가 모든 사람에게 전가되었다는 사상은 어거스틴(Augustine of Hippo, 354-430)에서 절정을 이룬다.

동방교회와 서방교회 교회 사이에 갈등이 있었는데 이는 두 교회의 강조점의 차이에서 발생하였다. 첫째, 동방교회는 인간의 자유를 강조함으로써 자유롭게 선택할 수 있는 인간의 능력을 말하고 그에 따른 높은 수준의 도덕성을 강조하였다. 둘째, 서방교회는 인류의 타락을 강조함으로써 죄로 말미암은 인간의 무능을 말하고 그리스도의 은혜를 강조하였다. 곧 펠라기우스는 인간의 선천적인 도덕성에서 출발하고 어거스틴은 은혜에서 출발한다.

이들은 인간관에 대하여 큰 차이를 보이는데 펠라기우스는 인간은 죄가 없이 태어나며 하나님께 순종할 수 있는 능력이 있으므로 사람은 완전한 자유를 가지며 동시에 행동과 죄에 대하여 각자가 책임을 가진다고 하였다.

그러나 어거스틴은 모든 사람은 태어나면서부터 부패하고, 무능력하고, 저주받은 자이며 모든 신생아에게 원죄가 있으므로 하나님의 은혜를 필요로 하는 존재라고 말한다.

종교개혁시대의 인간관이다

첫째, 루터(1483-1546)는 아담의 죄가 자유의지를 부패시켰다는 어거스틴의 사상을 따른다. 루터는 죄가 사람의 전체 본성에 영향을 끼쳐서 자유의지가 할 수 있는 일은 없지만 하나님의 은혜로 사람은 선을 행하고 구원도 얻는다고 하였다.

둘째, 칼빈(1509-1564)은 구속주의 관점에서 인간론과 죄를 다룬다. 즉, 아담의 타락 때문에 사람은 악한 존재가 되었고 그러한 죄악된 본성은 유전된다. 그러므로 하나님의 은혜는 절대적이며 인간은 하나님의 은혜로 믿음으로 말미암아 구원받음을 강조한다.

5. 성경적 관점에서의 학습자 이해

주일학교 교사는 '학습자란 누구인가?'라는 물음에 대한 답을 성경적인 인간관에서 찾아야 한다. 학습자에 대한 생각도 인간관에서 유래하기 때문이다. 인간관은 신학적인 관점에 따라 달라진다.

첫째, 자유주의 신학의 관점에서의 학습자는 살아있는 유기체로서 자력(自力)으로 전인으로 발전할 수 있는 역동적인 존재로 이해한다. 이러한 학습자 이해는 학습자를 포함한 모든 인간은 죄인이라는 전통적 인간관을 부인한다.

둘째, 신정통 신학의 관점에서의 학습자는 하나님의 자녀이자 또한 구원을 필요로 하는 죄인이다. 그리고 하나님과의 계시적 관계에 적극적으로 참여하는 존재로 이해할 뿐 아니라 인격적인 존재로 이해하며 교육을 통하여 책임감이 있고 성숙한 그리스도인으로 성장할 수 있는 존재로 이해한다.

셋째, 개혁 정통신학적 관점에서의 학습자는 하나님의 형상으로 창조된 피조물이나 아담의 죄로 말미암아 하나님의 은총을 필요로 하는 존재로 이해한다. 학습자는 알고 배울 수 있는 능력을 부여받은 피조물로서 학습을 통하여 이러한 능력을 개발할 필요를 가진 존재로 본다.

학습자에 대한 관점은 신학적 배경에 따라 다양하다. 그러나 올바른 학습자관을 위해서는 성경에 근거한 신학적 관점에 기초해야 한다. 성경은 학습자를 포함한 인간은 하나님의 형상으로 지음을 받았으나 죄로 말미암아 타락한 존재라고 말한다. 그렇다면 죄로 오염되고 부패된 학습자가 교육을 받을 수 있는가? 그 대답은 '있다' 이다. 그 이유는 비록 인간이 타락하여 오염되고 부패한 존재라 할지라도 하나님께서는 여전히 그의 형상을 학습자 안에 남겨두셨기 때문이다. 이러한 학습자에 대한 이해를 위해서는 사람이 하나님의 형상임을 기억해야 한다. 학습자가 하나님의 형상이라는 말은 아래와 같은 몇 가지의 교육적 함의를 가지고 있다.

합리성을 지닌 존재

인간이 하나님의 형상이라는 개념은 인간에게 합리성이 있음을 말한다. 사람과 동물을 구별하는 가장 중요한 특징은 합리성의 소유 여부이다. 합리성이라는 것은 생각할 수 있는 능력과 그 생각에 따라서 행동할 수 있는 능력이다. 사람 이외의 동물들은 판단을 하거나 판단으로부터 추리를 이끌어 내거나 그 추리에 따라 결단을 하지 못한다. 오직 하나님의 형상인 인간만 그렇게 할 수 있다. 그러므로 주일학교 교사는 학습을 지도할 때 합리성에 근거한 이해에 중점을 두어야 한다.

사회성을 지닌 존재

인간이 하나님의 형상이라는 말이 의미하는 것은 반학생들은 사회성을 가진 존재라는 점이다. 하나님은 아담을 지으신 다음에 "사람의 독처하는 것이 좋지 못하(여)"(창 2:18) 그를 위하여 돕는 배필을 만들어 주셨다. 에릭슨(Erik Erikson)은 사람의 기본적인 요인 중 하나인 사회성의 발달에 대한 연구를 하였는데 그는 사회성이 인간의 삶에 중요한 부분임을 보여주었다. 이러한 반학생들의 사회성이 함의하는 것은 "반학생들을 그들의 사회관계에서 이해해야 한다는 점과 학습과정에서 반학생들간의 상호관계의 효과"를 고려해야 한다는 점이다.

다스리는 능력과 책임을 가진 존재

사람이 하나님의 형상이라는 개념은 인간은 다스리는 능력과 책임을 가진 존재임을 뜻한다. 하나님께서 사람을 창조하신 후에 "땅을 정복하라, 바다의 고기와 공중의 새와 땅에 움직이는 모든 생물을 다스리라 하시니라"(창 1:28하)고 하신 것도 인간에게 다스리는 능력과 또한 그 책임을 질 수 있는 존재임을 아셨기 때문이다. 또한 하나님의 명령은 "인간을…모든 예술과 학문의 전 영역에서, 충실한 청지기로서, 순종하는 대리자로서 그를 섬기게 하시려는" 것이다. 이러한 능력과 특권을 아담의 타락과 함께 잃어버렸으나 예수 그리스도의 구속 안에서 회복하게 되었다. '문화명령'은 반학생들이 사

회의 모든 영역 안에서 하나님의 영광을 드러내고 하나님의 뜻에 순종하고 그 뜻을 실천하라는 명령인 것이다. "땅과 그 안의 모든 것이 다 주의 것이로다"라는 시편 기자의 고백처럼 청지기의 마음을 가지고 하나님의 것들을 돌보는 자세를 가질 때 하나님의 피조물들을 잘 다스릴 수도 있고 책임도 잘 감당하는 존재가 된다.

✤ 학습 문제

1. 한국교회의 교육환경과 좋은 교육을 위해 개선되어야 할 것들에 대해 설명하시오.

2. 20세기 철학의 관점에서 인간관을 설명하시오.

3. 다윈이 주장하는 진화론에 대하여 간단하게 설명하시오.

4. 사회과학적 입장에서 인간론을 설명하시오.

5. 신약성경이 말하는 인간관을 설명하시오.

6. 인간이 하나님의 특별한 피조물이라는 말의 의미에 대해 설명하시오.

7. 종교개혁시대의 인간관을 설명하시오.

8. 학습자에 대한 생각이 신학적 관점에 따라 어떻게 달라지는지 설명하시오.

9. 성경적 관점에서 학습자 이해를 설명하시오.

 4장

교사의 목표는 무엇인가?

1. 서론

바나 리서치(Barna Research Group)가 1990년에 실시한 조사에 따르면 미국 그리스도인 장년의 58%가 산상보훈을 누가 가르쳤는지를 알지 못하였고, 대부분이 신약의 처음 네 권의 이름을 알지 못하였고, 절반이 넘는 52%가 성경에 요나서가 있는지를 알지 못하였고, 절반 정도가(48%) 성경에 도마서가 없다는 것을 몰랐다. 열 명 중 네 명(38%)이 이사야서가 구약인줄 알지 못하였고, 29%는 예수님의 제자가 몇 명인지를 알지 못하였다.

미국 청소년과 종교연구소(National Study of Youth & Religion)에서 2002-2003년에 걸쳐 미국 청소년들의 종교실태를 조사를 하였다. 일차적으로 무작위 선정한 부모들과 십대들을 대상으로 전화 인터뷰를 하였고, 이어 2003년 봄과 여름에 실시된 2차 조사에서는 전문연구자 17명이 미국 45개 주에 흩어져있는 267명을 직접 만나서 면담을 하였다.

조사내용 중에 신앙가정에서 태어난 청소년이 신앙을 버리게 된 이유(13-17세)를 보면 그 절반이 소극적인 이유 즉, 특별한 이유가 없었다. 좀 더 구체적으로 보면 다음과 같다. 지적 회의 및 불신 32%, 이유를 모름 22%, 흥미 상실 13%, 그냥 출석 않음 12%, 삶에 문제 생김 10%, 종교가 싫음 7%, 부모의 도움부족 1%, 이유 없음 2% 등이다.

면접대상자들을 나이에 따라 나눈 세 그룹(13세, 14/5세, 16/7세)간에도 의미 있는 차이가 없었다. 신앙이 있다고 말하는 십대 중에서 주(週) 1회 이상 예배에 출석하는 비율은 40%, 월(月) 1-3회가 19%, 년(年) 수회가 22%, 전혀 출석하지 않는다는 비율이 18%였다.

성경지식에 관한 조사는 여러 차례에 걸쳐 실시하였다. 밀러(Minor C. Miller)는 1932년에 버지니아의 공립 고등학교 18,500명을 대상으로 성경지식에 관한 조사를 하였는데 18,500명중 16,000명은 구약 선지자 세 명의 이름도 말하지 못했고 12,000명은 사복음서를 말하지 못했고 10,000명은 예수님의 제자 세 명의 이름을 말하지 못했다.

15년이 지난 후《페전트(Pageant)》라는 잡지에서 전국의 어린이들을 대상으로 성경지식 조사를 하였다. 전체 평균점수는 46점이고 개신교 어린이들의 평균점수는 35점이었으며 전체 어린이들 중 73.4%는 예수님을 판 제자의 이름을 몰랐고, 70.7%는 바울이 이방인들의 사도였음을 알지 못하였다.

1959년에 베네트(Bennett)가 켄터키 주(州) 루이빌 시(市) 인근의 17개 침례교 주일학교 학생 695명을 대상으로 한 조사에서는 각기 50문항이 제시되었고 평균점수는 16.57점이었다. 후에 에쥐(Edge)가 주일학교 교사와 지도자를 위한 여름캠프에 참석한 청소년을 대상으로 조사에서는 그들은 좋은 신앙환경 가운데서 자란 청소년들임에도 불구하고 평균점은 14.84점이었다.

1963년에 미국 침례교주일학교 위원회에서 "성경과 나"라는 제목으로 성경지식 조사를 하였다. 미국전역을 대상으로 지역, 교육수준, 경제적 상황 등을 고려한 이 조사는 1961년에 시작하여 1963년에 발표하였다. 그 결과를 보면 각 연령층에서 "성경과 나"의 점수가 베네트(Benette) 조사의 점수보다는 높았지만 50점이 넘는 그룹은 없었다.

1954년과 1982년에 갤럽이 성경지식에 관한 조사를 시행하였다. 1982의 성경지식이 1952년보다 약간 더 높아졌으나 전체적으로 대학교육의 비율이 높아진 것에 비교한다면 성경지식은 좋아진 것은 아니다. 이러한 조사들은 한 결 같이 그리스도인들의 성경지식이 매우 부족함을 보여준다. 이는 주일학교 교사들이 직면하는 문제이다. 이러한 상황에서 주일학교 교사는 무엇을 중요한 목표로 삼아야 할 것인지를 그리고 그 목표가 무엇이 되어야 할 것인가를 살펴보자.

2. 목표의 본질

어떤 사람은 목표의 필요성을 인정하지 않는다. 왜냐하면 목표를 설정하는 것은 하나님의 역사(役事)를 방해하거나 하나님의 능력을 인정하지 않는 것과 같이 생각하기 때문이다. 곧 치밀하게 계획을 세우는 것은 믿음의 행위가 아니라고 생각하기 때문이다. 온전한 믿음을 가진 사람은 하나님을 전적으로 의지하고 하나님은 성도들의 미래를 책임져 주실 것이기 때문에 미래에 대한 세밀한 계획을 하지 말아야 한다고 생각한다. 주일학교 교사들은 하나님께서 우리의 미래를 지켜주실 것을 믿어야 하지만 믿음이 있다고 해서 하나님께서 주신 은사와 능력을 사용하여 미래를 계획하지 말아야 한다는 것은 더욱 아니다.

주일학교는 "제자를 삼으라"는 예수님의 대 위임령을 성취하는 핵심부서이다. 사람들을 제자로 삼고 하나님의 계명을 가르치라는 예수님의 대위임령은 주일학교와 주일학교 교사의 목표인 것이다. 목표설정은 매우 중요하다. 이때의 목표는 너무 무리한 것이거나 너무 쉬운 것이 아니고 도전해 볼 만한 것이어서 주일학생들의 동기를 유발시킬 수 있어야 한다. 목표설정의 원리는 올바른 목표를 설정하게 해주는데 그 원리는 다음과 같다. 그러면 목표는 어떻게 설정해야 할 것인가?

우선순위에 따름

목표의 중요성과 긴급성의 순위에 따라 설정해야 한다. 주일학교와 교사에게 가장 중요하고 긴급한 것이 무엇인가를 파악하기 위한 하나의 방법은, 주일학교의 시간, 힘, 재정을 무엇에 쓰고 있는가를 살펴보는 것이다. 그리고 다른 하나는, 이러한 것들에 시간, 힘, 재정을 쓰는 것이 타당한가를 생각해 보아야 한다. 그러나 이러한 것보다 더 중요하고 긴급한 것은 교회의 목적이 무엇인가를 생각하는 것이다. 교회가 가장 우선해야 할 일은 복음을 전하고 성도들을 믿음으로 양육하는 일이다. 주일학교는 이러한 목적을 위하여 설립되었으므로 주일학교나 교사의 최우선 사역은 전도와 가르침이다. 이것은 최우선 사역인 동시에 가장 중요하고 긴급한 사역이다. 이 두 사역은 균형을 이루어야 한다.

비전에 근거

주일학교의 목표는 주일학교와 교사가 반학생들에 대하여 품고 있는 비전에서 나온다. 주일학교 교사들은 하나님의 비전을 이루는 도구이다. 하나님께서 가지고 계시는 주일학교와 반학생들에 대한 비전을 알지 못할 때 주일학교는 목표가 없어지고 목표가 없어지면 성장하지 못하게 된다. 그러면 무엇을 통하여 우리를 향한 하나님의 비전에 대한 지식을 가질 수가 있는가? 거기에는 최소한 세 가지의 요소 곧 성경, 성령, 그리고 교회가 있다.

성경을 통하여 주일학교와 반학생들을 향하신 하나님의 비전을 알 수가 있다. 성경은 하나님의 목적을 보여주고 주일학교를 향하신 하나님의 비전을 알게 해주기 때문이다. 성령은 하나님의 교회를 향하신 비전을 알게 해주므로 주일학교 교사가 성령께서 자신과 반학생들의 삶 속에서 역사하시도록 마음을 열어야 한다. 그리고 성도들의 모임인 교회는 하나님께서 주일학교에 대하여 가지신 비전을 알게 해준다.

여러 주일학교와 교사들은 자신들의 힘으로 하려고 한다. 결코 하나님의 능력을 의지하려고 하지 않는다. 교사들이 하나님께서 주신 비전에 따라 도전적인 목표를 설정하지 않는 한 주일학교와 반학생들의 성장은 기대할 수 없다. 그 이유는 도전적인 목표만이 반학생들의 적극적인 참여를 유도할 뿐 아니라 최선을 다하게 하기 때문이다.

성취가능성

목표는 성취하기가 가능한 것이어야 한다. 이와 비교되는 개념으로 '이념'이 있다. '이념'은 방향만을 제시해 줄 뿐이고 '목표'와는 달리 성취할 수 있는 것은 아니다. 그러나 목표로 정해놓은 것이 성취하기가 불가능하다면 아무도 관심을 갖거나 최선의 노력을 하려고 하지 않을 것이다. 성취가능성이 있는 목표만이 반학생들로 하여금 무엇을 이루고자 하는 동기를 갖게 한다. 그러므로 반학생들로 하여금 동기유발을 하게 되기를 원한다면 성취할 수 있는 것을 목표로 설정하여야 한다. 그러므로 목표를 설정할 때는 첫째, 목표가 성취할 수 있는 것인가? 둘째, 그 목표를 성취하지 못하였을 때 주는 결과는 무엇일까? 셋째, 그 목표를 달성하는데 필요한 일을 반학생들이 할 것인가를 생각해야 한다.

성취를 위해서 목표는 점진성을 가져야 한다. 곧 하나의 목표는 다음 목표를 위한 징검다리가 되어야 한다. 점진성을 가진 목표는 다음 목표를 설정하는데 도움이 된다. 다음 목표를 향하여 나아가지 않는다면 반학생들로 하여금 노력하게 할 수 없다. 그러므로 하나의 목표를 성취하면 다음 목표로 전진해 나가야 한다. 이러한 점진적인 목표만이 반학생들의 학습동기를 불러일으키고 높은 결과를 얻게 한다.

측량가능성

성취여부를 쉽게 판단할 수 있는 목표도 있고 그렇지 못한 것도 있다. 예(例)를 들면, 수치(數値)와 관계된 목표는 측량하기가 쉽다. 그러므로 주일학교 교사가 이러한 수치에 관한 목표를 정하면 성취를 위한 동기유발을 일으키기가 쉽다. 이러한 목표의 약점은 성취하였을 때는 긍정적인 효과를 가질 수 있지만 성취하지 못했을 때는 부정적인 효과를 준다는 것이다.

그러나 성취여부를 판단할 수 없는 목표는 설정하기도 어려울 뿐 아니라 판단하기도 어렵다. 그래서 이러한 판단할 수 없는 목표는 가능한대로 설정하지 않으려 하지만 이러한 것들 중에 중요한 것이 많다. 그 하나의 예가 영적 성숙이라는 목표이다. 그러므로 교사는 반학생들에게 이러한 판단할 수 있는 목표와 아울러 판단할 수 없는 목표도 제시하는 것이 반목회를 위하여 효과적이다.

반의 정원, 출석수 등과 같은 목표는 수치에 관계된 목표이다. 반목회에서 문제가 되는 것은 많은 교사들이 이러한 수치에만 매달린다는 점이다. 반목회를 할 때 중요한 것은 반학생들의 필요를 충족하는 목표를 정해야 한다는 것이다. 한 가지 예로 대부분의 주일학교에서는 학년에 따라서 반을 구성한다. 왜 그렇게 구성하는가? 나이가 비슷한 사람끼리 묶는 것이 반학생들에게 유익하기 때문이다. 곧 그들의 능력과 욕구가 비슷하기 때문에 학습에 유익하다는 것이다. 주일학교에서 분반(分班)을 할 때 신앙연륜에 따라 반을 구성하는 것은 어떨까? 그리고 일정한 수준의 영적 성숙을 목표로 제시하면 어떨까? 영적 수준이 비슷하기 때문에 얻을 수 있는 유익이 많을 것이다.

3. 일반적인 목표

교사는 반학생들이 하나님의 뜻을 깨닫게 하는 것을 목표로 삼아야 한다. 이것은 보편적이요 일반적인 목표다. 교사는 반학생들이 이러한 깨달음을 통하여 그리스도의 삶의 가치와 이유를 알게 하고 영적 삶에 변화가 일어나도록 추구해야 한다. 그러면 교사들이 가져야 할 일반적인 목표가 무엇이어야 하는지를 생각해 보자.

그리스도를 닮음

교사의 목표는 반학생들이 "그리스도를 닮아가는 것"이다. 바울 사도는 고린도 성도들에게 "내가 그리스도를 본받는 자 된 것 같이 너희는 나를 본받는 자 되라"(고전 11:1)고 하였다. 이는 그리스도를 닮는 것이 그리스도인의 삶의 목표임을 말하는 것이다. 교사가 그리스도를 닮아가는 것이 매우 중요한 것처럼 반학생들이 그리스도를 닮은 사람들이 되는 것은 매우 중요하다. 이것이 교사의 목표가 되어야 한다.

이러한 목표를 이루기 위해서는 먼저 반학생들이 그리스도를 닮아 가는 데 방해가 되는 요소들은 제거해야 한다. 그 방해요소로는 첫째, 교사가 교재내용의 전달에만 매달리는 일이다. 많은 교사들이 공과를 열심히 연구하거나, 주석 책을 참고하여 가르칠 공과내용을 준비한다. 이러한 것은 주일학교 교육에서 교재내용 전달이 중요하기 때문이다. 그러나 교사가 너무 공과내용 전달에만 매달리면 잘못될 수 있다. 공과내용에 초점을 두게 되면 반학생들의 영적인 성장보다 지식전달에만 집중하게 되기 때문이다. 둘째, 교사중심으로 교수하는 일이다. 교사가 자신이 해야 할 일에 주의를 집중하는 것은 당연하다. 어떻게 시작하며, 어느 구절을 설명해야 하는지, 무슨 질문을 해야 하는지, 무슨 숙제를 줄 것인지, 어떻게 설명할 것인지, 어떻게 성경말씀대로 살도록 동기를 자극할 것인지 등을 세밀히 준비해야 한다. 그러나 교사는 자기중심적인 생각을 넘어서 반학생 중심적인 생각을 해야 한다. 공부를 진행할 때 반학생들은 무엇을 생각해야 하는지, 그들은 어느 구절에 대한 설명을 원하는지, 어떤 질문을 해야 그들의 이해여부를 알 수 있는지, 어떤 숙제를 줘야 그들이 성경원리를 삶에 적용할 수 있는지를 생각해야 한다. 셋째, 개인의견 중심의 교수를 하는 일이다. 교사중심에서 학습자인 반학생중심으로 옮겨가기 위해서는 질문을 하고, 성경을 찾기 위해서는 소그룹으로 모여야 하고, 간증과 개인경험을 유도함으로써 반학생들의 참여를 부추겨야 한다. 그러나 이 때 생각해야 할 것은 질문에 대한 답이 성경적이어야 하고, 소그룹 학습이 성경적 관점이라야 하고, 개인경험도 말씀에 비추어보아야 한다. 그렇지 않으면 성경공부가 개인의견을 말하는 시간이 될 수가 있기 때문이다. 자칫하면 하나님의 말씀보다 그룹의 의견이 반학생들에게 영향을 더 많이 끼치게 된다. 성경본문의 의미에만 지나치게 집중하거나 아니면 교사의 개인의견에 지나치게 집중해도 반학생들의 영적 성장을 방해할 수 있다. 그리고 학습자인 반학생들의 생각에만 집중해도 영적 성장을 방해할 수 있다.

그러면 어떻게 해야 반학생들이 예수 그리스도 안에서 성장할 수 있을까? 반학생들이 그리스도를 닮아가게 하려면 무엇을 해야 하는가? 그리스도를 닮아가도록 하기 위해서는 교육활동이 인지적 요소, 정의적 요소, 의지적 요소를 고르게 포함해야 한다.

인지적 요소

첫째, 인지적 요소는 삶의 이성적인 면을 나타낸다. 디모데후서 2:15에서 바울은 "네가 진리의 말씀을 옳게 분변하여"라고 하셨다. '말씀을 분변하는' 것은 인지적인 요소이다. 반학생들이 주안에서 성숙하기 위해서는 지식을 가져야 한다. 그들은 성경의 의미를 알아야 하고, 그 말씀을 삶에 적용할 줄 알아야 한다. 하나님의 말씀의 의미를 알고 삶에 적용할 때 비로소 반학생들은 그리스도 안에서 자랄 수가 있다(엡 4:15).

정의적 요소

둘째, 정의적 요소는 삶의 정서적, 감정적 면을 나타낸다. 인지적 요소가 이성에 비유된다면 정의적 요소는 가치개념 곧 마음에 비유될 수 있다. 실제로 성경에서의 마음은 지정의(知情意) 세 요소 모두를 지칭하기도 하고 정의적인 요소만을 지칭하기도 한다. 그 예로서 "마음의 즐거움은 얼굴을 빛나게 하여도 마음의 근심은 심령을 상하게 하느니라"(잠 15:13)고 할 때 마음은 즐거움이나 근심을 드러내는 감정을 뜻한다. 그러므로 반학생들이 주안에서 성숙하게 하려면 그들로 하여금 성경 진리를 자신의 것으로 만들 수 있도록 도와주어야 한다. 그렇지 않으면 그리스도 안에서 자랄 수가 없다.

의지적 요소

셋째, 의지적 요소는 삶의 행동이나 행위의 면을 나타낸다. 우리는 머리로 안다고 해서 아는 그대로 행하는 것은 아니다. 사람은 행함을 통하여 자신이 어떤 사람인지를 드러낸다. 예수님께서는 "거짓 선지자들을 삼가라 양의 옷을 입고 너희에게 나아오나 속에는 노략질하는 이리라, 그의 열매로 그들을 알지니 가시나무에서 포도를 또는 엉겅퀴에서 무화과를 따겠느냐, 이와 같이 좋은 나무마다 아름다운 열매를 맺고 못된 나무가 나쁜 열매를 맺나니"(마 7:15-17)라고 하셨고 또한 "나무도 좋고 실과도 좋다 하든지 나무도 좋지 않고 실과도 좋지 않다 하든지 하라 그 실과로 나무를 아느니라"(마 12:33)고 하셨다.

예수님은 행함을 강조하시기를 "그러므로 누구든지 나의 이 말을 듣고 행하는 자는 그 집을 반석 위에 지은 지혜로운 사람 같으리니, 비가 내리고 창수가 나고 바람이 불어 그 집에 부딪히되 무너지지 아니하나니 이는 주초를 반석 위에 놓은 연고요, 나의 이 말을 듣고 행치 아니하는 자는 그 집을 모래 위에 지은 어리석은 사람 같으리니, 비가 내리고 창수가 나고 바람이 불어 그 집에 부딪히매 무너져 그 무너짐이 심하니라"(마 7:24-27)고 하셨다. 그러므로 주일학교 교사는 반학생들을 "하나님께 거룩한 산 제사로 드리도록"(롬 12:2하) 함으로써 올바르게 생각하고, 헌신하고, 섬기며 살게 해야 한다.

예수님의 제자

예수님께서는 "나를 따라 오너라 내가 너희로 사람을 낚는 어부가 되게 하리라"(마 4:19)고 하셨다. 이는 예수님의 명령이요 예수님의 제자인 주일학교 교사들에게 주신 사명이기도 하다. 이러한 교사의 사명은 이천 년 전이나 지금이나 같다. 예수님 말씀이 변치 않는 것처럼 교사의 사명도 변치 않는다. 이러한 교사의 사명은 곧 교사의 목표이기도 하다.

예수님은 "제자를 삼으라"(마 28:20)고 말씀하신다. 이 말씀은 반학생들을 그리스도의제자로 삼으라는 명령이요 사명이다. 제자를 삼기 위해서는 세 가지의 구체적인 사역이 있는데 그것은 '가서', '세례를 주고', '가르쳐 지키게 하라' 이다. 이 세 가지 사역 중에서 마지막 세 번째인 '가르쳐 지키게 하라' 는 교사가 실천해야 할 사역이다.

바울 사도는 에베소서 4:12에서 '성도를 온전케 하며' 라고 한 말은 성도들을 진리로 그리고 말씀으로 '무장시키며 준비시키라' 는 뜻이다. 이와 같은 단어를 마태가 사용하였는데 그 예는 마태복음 4:21의 '깁다' 라는 단어이다. 그리고 바울이 갈라디아 성도들에게 보내는 서신(6:1)에서 말한 '바로잡다' 라는 말도 같은 단어이다. 이러한 구절들에서 볼 때 교사의 긴급하고 중요한 사역은 반학생들을 예수님의 '제자' 로 삼는 일인데 이는 성도를 온전케 하는 일 곧 부족한 것을 채워주는 일이며, 삐뚤어진 것을 바로잡아 주는 일이다.

헌신적인 그리스도인

교사의 목표는 반학생들이 헌신된 그리스도인이 되게 하는 것이다. 헌신된 그리스도인이 되게 하기 위해서는 다음의 몇 단계의 사역이 필요하다.

첫째는 주일학교 교사는 설교와 교육을 통하여 반학생들을 헌신된 그리스도인이 되게 할 수 있다. 헌신된 그리스도인이란 신앙적 책임감이 있고 하나님의 뜻에 충성하며 성경말씀을 따라 사는 사람이다. 교육을 통하여 하나님의 뜻을 알게 하고 설교를 통하여 회개와 확신을 갖게 하므로 헌신된 그리스도인이 되게 한다.

우리 사회에서 기독교가 큰 영향을 끼치지 못하는 이유는 무엇일까? 그것은 교회에 적(籍)을 둔 교인(Church member)은 많으나 예수님의 제자가 된 성도(Christian)가 적기 때문이다. 헌신된 그리스도인이 적은 이유는 무엇인가? 말씀 선포와 교육이 약하여졌기 때문이다. 그러므로 반학생들을 헌신된 그리스도인으로 양육하기 위해서는 교사가 먼저 말씀과 교육에 헌신된 그리스도인이 되어야 한다.

둘째는, 교사의 헌신된 본을 통하여 반학생들은 헌신된 그리스도인이 되게 할 수 있다. 헌신된 교사가 되기 위해서는 말씀으로 돌아가야 된다. 곧 성경을 사모하여 성경을 읽고, 연구할 때 더욱 헌신된 그리스도인이 된다. 그렇다면 어떻게 반학생들이 성경을 사모하게 할 수 있을까? 교사가 헌신의 본을 보임으로 가능하다. 교사가 헌신의 본을 보일 수 있는 것은 성령의 역사이다. 곧 성령께서 교사의 마음속에 역사하심으로 헌신된 교사가 될 수 있다.

헌신된 교사라야 헌신된 그리스도인을 양육할 수 있다. 헌신된 교사는 반학생들의 마음속에 성령께서 역사하시도록 기도할 뿐 아니라 가르침과 삶을 통하여 모범을 보일 수 있기 때문이다. 사람은 들음을 통하여 배우는 것보다 봄으로써 배우는 것이 더 많다. 이렇게 교사의 모본과 성령의 역사가 함께 할 때 반학생들은 헌신된 그리스도인이 된다.

4. 구체적인 목표

주일학교 교사들이 성취하려는 목표는 반학생들의 성장이다. 교사가 이끌 수 있는 반학생들의 성장에는 두 종류 즉, 지적 성장과 삶의 성숙이다.

지적 성장

반학생들의 지적 성장을 위해서는 :

첫째, 그들을 하나님의 말씀으로 무장시켜야 한다. 주일학교 교사는 반학생들로 하여금 하나님의 사람이 되게 해야 한다. 디모데후서 2:15에서 바울이 디모데에게 "진리의 말씀을 옳게 분변하여 부끄러울 것이 없는 일꾼으로 인정된 자로 자신을 하나님 앞에 드리기를 힘쓰라"고 권한 것처럼 교사는 반학생들을 권해야 한다.

둘째, 성령으로 충만하게 해야 한다. 에베소서 5:18에서 바울은 성도들에게 "오직 성령의 충만을 받으라"고 하였다. 성령의 충만을 받는다는 것은 성령께서 지속적으로 우리의 말을 주장하고, 다음으로 생각을 주장함으로 우리의 삶 전체를 주장하는 것을 말한다. 성령의 열매 아홉 가지는 전부 사람의 생각을 통하여 나오는 것이다.

셋째, 삶에 균형을 이루게 해야 한다. 바울은 에베소 성도들에게 "너희가 부르심을 입은 부름에 합당하게 행하라"(4:10), 빌립보서 1:27에서 바울은 "오직 너희는 그리스도 복음에 합당하게 생활하라"고 하셨다. '합당하다'는 단어의 의미는 성도들이 살아야 할 기준을 말한다. 반학생들이 '합당하게' 생활하게 하기 위해서는 그들에게 요구되는 기준이 무엇인지를 알아야 한다. 그러므로 교사는 반학생들에게 '합당한' 생활만 강조할 것이 아니라 '합당한' 생활이 무엇인지를 알 수 있도록 가르쳐주어야 한다.

주일학교 교사는 반학생들이 지적 성장을 하되 가치 있는 지식으로 성장하게 해야 한다. 가치 있는 지식을 갖게 하려면 먼저 가치 있는 지식이 무엇인지를 알아야 한다. 또한 어디에서 가치가 있는 지식을 찾을 수 있는가를 알아야 한다. 가치 있는 지식에 대한 판단은 교육지도자의 목표에 따라 달라진다. 이러한 목표는 같은 주일학교 안에서도 교사에 따라 다를 수 있다.

그리스도인은 성경을 최고의 가치로 여긴다. 그러므로 반학생들이 가치가 있는 지식을 갖도록 하기 위해서는 성경을 가르쳐야 한다. 주일학교 교사들은 성경 각 권의 개요와 가르치는 구절에 대한 지식을 가지고 있어야 한다.

성경해석의 원리

성경의 개요를 통하여 성경을 이해하고 이러한 성경전체에 관한 지식을 토대로 하여 해석법을 배울 때 주일학교 교사는 성경을 바르게 이해하게 된다. 성경이해를 위한 기본적인 성경해석의 원리는 다음과 같다.

첫째, 성경은 역사적 환경에서 나온 것이므로, 성경역사의 관점에서만 이해될 수 있다. 성경구절을 연구할 때 다음과 같은 질문들을 하면 도움이 된다.

- 이 책의 수신자는 누구인가? 그들의 관심, 형편은 어떠한가?
- 저자의 배경은 무엇인가?
- 저술 동기는 무엇인가?
- 책의 주된 인물은 누구인가?

둘째, 성경에서 하나님의 계시는 점진적이지만, 구약과 신약은 하나님의 계시의 핵심이며 일관성, 일체성, 통일성을 가지고 있다. 구약은 신약을 바르게 해석하도록 돕는다. 곧 구약의 창조, 타락 등과 같은 사건들에 대하여 잘 알지 못하면, 신약을 이해하는데 어려움을 갖게 된다. 요한복음 3:14에서 "모세가 광야에서 뱀을 든 것같이 인자도 들려야 하리니"라고 한 말씀은 민수기 21장의 불뱀에 물렸을 때 놋뱀을 만들어 그것을 쳐다보는 자는 다 죽지 않고 낫게 된 사건을 알고 있을 때 이해가 된다. 또한 신약은 구약에서 일어난 일들의 목적을 설명해 주는데 히브리서가 좋은 예(例)가 된다. 곧 히브리서는 구약의 성막, 제사, 희생제도 등의 목적과 의미를 설명해 준다.

구원의 문제에 대해서는 구약과 신약 모두가 같다. 구약에서는 '오실' 그리스도(메시아)를 믿음으로 구원을 얻고, 신약에서는 '오신' 그리스도를 믿음으로 구원받는다(요 14:6 "… 나로 말미암지 않고는 아무도 아버지께로 올 자가 없느니라"). 구원의 방법과 내용은 역사가 진행됨에 따라 점차적으로 명확해진다. 이사야는 아담보다 더 잘 이해하였으나, 현대의 성도들만큼은 이해하지 못하였다. 마태는 예수님이 구약예언의 성취임을 보이기 위하여 구약을 70회 정도 인용하였다.

구약의 어떤 법들은 취소가 되었는데 그 이유는 그리스도 안에서 이미 실현되었기 때문이다. 그 예로는 동물희생을 드리는 것이다. 그리스도께서 자신을 드림으로 더 이상 동물희생은 드릴 필요가 없다. 히브리서 10:4에서 "이는 황소와 염소의 피가 능히 죄를 없이 하지 못함이라"고 한 것은 이를 말해준다.

셋째, 역사적 사실이나 사건은 성경에 명시적일 때에만 영적 진리의 상징이 된다. 바울은 고린도 전서 10:1-4("형제들아 너희가 알지 못하기를 내가 원치 아니하노니 우리 조상들이 다 구름아래 있고 바다 가운데로 지나며 모세에게 속하여 다 구름과 바다에서 세례를 받고 다 같은 신령한 식물을 먹으며 다 같은 신령한 음료를 마셨으니 이는 저희를 따르는 신령한 반석으로부터 마셨으매 그 반석은 곧 그리스도시라")에서 이스라엘 백성이 홍해를 건넌 것(출 14:22)을 세례로 상징하고 있다. 이스라엘 민족이 물을 마신 반석(민 20:11)은 그리스도의 표상이었다. 신약은 구약의 역사적 사건으로부터 영적 진리를 많이 빌리고 있다.

바울이 해석하는 것보다 더 나가는 것은 그 구절의 문자적 의미를 벗어나는 것이 된다. 즉, 홍해는 그리스도의 구속하시는 피를 상징한다고 해석하는 것은 적절하지 못한 것이다. 풍유도 마찬가지이다. 바울은 갈라디아서에서 풍유를 통하여 의롭다 함을 얻는 것은 율법을 통하여서가 아니라 그리스도를 믿는 믿음을 통한 것임을 말한다.

교사는 이와 같은 성경에 대한 개략적인 지식을 필요로 한다. 그러면 반 학생들에게 무엇이 가장 가치가 있는 지식인가? 베드로가 우리 주 예수 그리스도의 은혜와 지식에서 자라가라(벧후 3:18)고 한 것은 가장 가치가 있는 지식은 '우리 주 예수 그리스도를 아는 것'이라는 의미이다. 성경지식의 전수를 강조하는 근거로 히브리서 4:12을 제시할 수 있다: "하나님의 말씀은 살았고 운동력이 있어 좌우에 날선 어떤 검보다도 예리하여 혼과 영과 및 관절과 골수를 찔러 쪼개기까지 하며 또 마음의 생각과 뜻을 감찰하나니" 교사가 성경지식의 전수를 강조해야 하는 것은 하나님의 말씀이 있는 곳에 변화와 역사가 일어나기 때문이다.

이러한 변화는 가르치는 사람이 효과적으로 가르쳤기 때문이라고 말하기보다 하나님의 말씀 '그 자체가 내포하고 있는 능력' 때문이라고 말하는 것이 더 옳다. 물론 교사가 좀 더 이해하기 쉽고 재미있게 가르침으로써 좀 더 효율적으로 교육할 수는 있다. 그러나 이러한 효율성은 효과적인 교육의 이차적인 요인이지 일차적인 요인은 아니다. 사도 바울이 고린도 교회 성도들에게 쓴 편지에서 "나는 심었고 아볼로는 물을 주었으되 오직 하나님은 자라나게 하셨나니 그런즉 심는 이나 물주는 이는 아무 것도 아니로되 오직 자라나게 하시는 하나님뿐이니라"(고전 3:6-7)고 하였다. 이 말씀이 의미하는 것은 사람의 방법도 중요하나 더 중요한 것은 하나님의 역사 또는 하나님의 말씀의 역사라는 것이다.

여기에서 강조되어야 할 것은 무엇이 핵심적인 것이며 무엇이 부차적(副次的)인 것인가를 구별해야 한다는 것이다. 핵심적인 것은 효과성(效果性)과 관련이 있고 부차적인 것은 효율성(效率性)과 관계가 있다. '효과'라고 하는 것은 "해야 할 '바로 그것'을 하는 것"과 관계가 있는 것이며 '효율'이라고 하는 것은 "해야 할 것을 '바르게' 하는 것"과 관계가 있는 것이다.

그러므로 효율보다 효과가 앞서야 하는 것처럼 어떻게 효율적으로 성경공부를 시켜야 할 것인가 하는 것보다 어떻게 효과적으로 성경공부를 시켜야 할 것인가가 앞서야 한다. 곧 능력 그 자체인 하나님의 말씀에 대한 지식이 선행되어야 한다. 디모데후서 3:15에서 "또 네가 어려서부터 성경을 알았나니"에서 '알았나니'는 성경에 대한 지식을 의미한다. 왜냐하면 유대인들은 자녀들이 다섯 살이 되면 "네 자녀에게 부지런히 가르치며 집에 앉았을 때에든지 길에 행할 때에든지 누웠을 때에든지 일어날 때에든지 이 말씀을 강론"(신 6:7) 하였는데 이 말은 구약의 율법들에 대한 지식을 자녀들에게 가르침을 의미한다. 이스라엘 백성들은 이렇게 어렸을 때부터 하나님의 말씀에 대한 지식을 가르침으로 자녀들이 평생에 말씀을 떠나지 않고 하나님을 경외하며 살게 하였다(잠 22:6).

오늘날도 그리스도인들이 하나님의 도(道)를 떠나지 않고 말씀 안에서 살게 하려면 먼저 하나님의 말씀이 무엇을 말하고 있는지 곧 말씀에 대한 지식을 가르쳐야 한다.

삶의 성숙

교사가 주일학교에서 반학생들에게 하나님의 말씀을 가르치는 것이나 반학생들이 말씀을 교실에서 배우는 것은 쉬운 편이다. 참으로 어려운 것은 반학생들이 가정과 학교에서 말씀대로 사는 것이다. 가정과 학교에서는 말과 행동이 그대로 드러나기 때문이다. 이를 위해서는 교사는 반학생들이 지식을 실천하는 산지식으로 성숙하게 해야 한다.

사도 바울은 주일학교 교사들에게 추구해야 할 목표를 빌립보서 3:13-14에서 제시하였다. "형제들아 나는 아직 내가 잡은 줄로 여기지 아니하고 오직 한 일 즉 뒤에 있는 것은 잊어버리고 앞에 있는 것을 잡으려고, 푯대를 향하여 그리스도 예수 안에서 하나님이 위에서 부르신 부름의 상을 위하여 좇아가노라." 여기에서 '좇아간다' 는 단어는 실천적 삶의 성숙에 대하여 말해준다. 이러한 실천적 삶의 성숙을 위해서는 :

첫째, 성경과 그에 관계된 책들을 많이 읽어야 한다.

둘째, 성경교사로서의 자질을 향상시켜야 한다. 이를 위해서는 교사는 교회, 노회, 총회, 그리고 기타 기독교교육기관에서 시행하는 세미나 등에 참석함으로써 교사로서의 경쟁력과 자질을 향상시킬 수 있다.

셋째. 개인적인 연구를 해야 한다. 개인적인 연구는 많은 시간과 인내를 필요로 한다. 바울은 고린도 성도들에게 "그러므로 내 사랑하는 형제들아 견고하며 흔들리지 말며 항상 주의 일에 더욱 힘쓰는 자들이 되라 이는 너희 수고가 주 안에서 헛되지 않은 줄을 앎이니라"(고전 15:58)고 권하였다. 여러 힘든 환경가운데서도 교사는 자신의 삶의 성숙을 위하여 말씀연구를 해야 한다.

교사는 반학생들의 성숙을 위하여 어떻게 인도해야 하는가? 첫째, 그들로 하여금 성경말씀을 공부함으로써 하나님의 뜻을 알게 한다. 둘째, 그들로 하여금 예수 그리스도를 개인의 구세주로 고백하게 한다. 셋째, 그들로 하여금 예수를 믿는 사람으로서 사회생활 가운데서 빛과 소금의 직분을 잘 감당하는 그리스도인이 되게 한다.

　성숙을 교육의 목표라고 할 때, 그러한 성숙의 특징으로는 다음의 네 가지를 말할 수 있다. 첫째, 영적 자율성이다. 로마서 12:1에 기록된 하나님이 기뻐하시는 산제사로 드릴 수 있는 능력이 영적 자율인 것이다. 이러한 능력을 가진 사람이야말로 책임이 있는 존재이기도 하다. 둘째, 영적 완전성이다. 이러한 완전성은 영적 헌신에서 오는 것이다. 신명기 6:5 "너는 마음을 다하고, 성품을 다하고 힘을 다하여 네 하나님 여호와를 사랑하라"는 말씀에 영적 완전성이 잘 나타나 있다. 사람이 정말로 영적으로 완전할 수 있는가? 예수님은 마태복음 5:48에서 그 대답을 주신다: "너희 아버지의 온전하심과 같이 너희도 온전하라"는 말씀은 성도들이 영적으로 완전해질 수 있음을 함의하고 있다. 셋째, 영적 안정성이다. 에베소서 4:14에서는 영적 안정성의 의미와 그 필요성을 어린아이가 되지 아니하여 사람의 궤술과 간사한 유혹에 빠져 모든 교훈의 풍조에 밀려 요동치 않게 하기 위함이라고 말한다. 주위의 환경에 의하여 요동하지 않는 것은 성숙된 신앙의 모습을 보여준다. 그러나 이러한 영적 성숙은 단시일 내에 이루어지는 것이기 보다는 많은 시간을 필요로 하고 시험과 시련을 통하여 얻게 된다. 넷째, 영적 적용 능력이다. 성숙한 그리스도인은 지식을 현명하게 사용하는 사람이다. 히브리서 5:14에서는 단단한 식물은 장성한 자의 것이고, 저희는 지각을 사용하므로 연단을 받아 선악을 분별하는 자들이라고 한다. 즉, 신앙의 본질을 이해하고 이 진리를 삶에 적용할 줄 아는 사람이 성숙한 그리스도인임을 말한다.

　교사는 반학생들의 회심을 목적으로 해야 하는가? 아니면 영적 성숙을 목적으로 해야 하는가? 결론을 말하자면 교사는 영적 성숙을 그 목적으로 해야 한다. 이러한 결론의 근거는 무엇인가? 사도바울은 하나님께서 교회에 네 가지의 직분들을 허락하셨는데 그 직분은 "사도, 선지자, 복음 전하는 자, 목사와 교사"이다. 하나님께서 교회에 왜 이러한 직분자들을 교회에 허락하셨을까? 그 이유를 바울은 다음과 같이 말한다: "이는(왜냐하면) 성도를 온전케 하며 봉사의 일을 하게하며 그리스도의 몸을 세우려 하심이라. 우리가 다 하나님의 아들을 믿는 것과 아는 일에 하나가 되어 온전한 사람을 이루어 그리스도의 장성한 분량이 충만한데 까지 이르리니 이는 우리가 이제부터 어린 아이가 되지 아니하여 사람의 궤술과 간사한 유혹에 빠져 모든 교훈의 풍조에 밀려 요동치 않게 하려 함이라." 여기에서 교회에 직분자를 주신 이유는 '그리스도의 장성한 분량이 충만한데 까지' 이르게 하기 위함이라고 하였는데 이 말은 영적으로 성숙하게 함을 말한다.

사람들 특히 그리스도인들의 궁극적인 목적은 하나님을 영화롭게 하는 것이다. 바울 사도는 로마서 11:36에서 말한 대로 하나님의 영광을 드러내는 것이다: "이는 만물이 주에게서 나오고 주로 말미암고 주에게로 돌아감이라 영광이 그에게 세세에 있으리로다 아멘." 장로교회의 신앙고백인 웨스트민스터 신앙고백의 제1문(問)도 "사람의 제일된 목적이 무엇인가?"라고 묻는데 그에 대하여 "하나님을 영화롭게 하는 것입니다"라고 대답한다.

✤ 학습 문제

1. 바른 목표설정의 원리를 설명하시오.

2. 교사가 가져야 할 일반적인 목표에 대하여 설명하시오.

3. 학생들이 그리스도를 닮아가는 데 방해되는 요소들이 무엇인지 설명하시오.

4. 학생들이 그리스도를 닮아가도록 하기 위한 교육활동의 세 요소에 대하여 설명하시오.

5. 학생들을 헌신된 그리스도인으로 만들기 위한 사역 방법에 대해 설명하시오.

6. 교사가 가져야 할 구체적인 목표 두 가지에 대하여 설명하시오.

7. 학생들의 지적 성장을 위해서 해야 할 일을 설명하시오.

8. 교육의 목표로서의 성숙의 네 가지 특징을 설명하시오.

 5장

교사의 리더십

1. 서론

교사는 지식을 가르치고, 가치관을 전수하여 학습자를 지성인으로 이끌어가는 사람이다. 교사는 학습자들에게 배우고자 하는 동기를 부여함으로써 교육의 효과를 높이려고 노력한다. 인류의 문화가 지속적으로 발전해온 것도 교사들의 노력의 대가와 힘이다. 이러한 교사의 기능과 개념을 어떻게 정의하든 어떤 비유로 교사들을 설명하든 교사는 교실에서 최고의 리더십을 행사하는 사람이다.

주일학교 교사는 성경지식을 가르치고, 신앙을 세워주며, 모범된 삶을 몸소 실천하여 보여주는 사람이다. 교사의 임무는 "또 네가 많은 증인 앞에서 내게 들은 바를 충성된 사람들에게 부탁하라 저희가 또 다른 사람들을 가르칠 수 있으리라"(딤후 2:2)는 디모데에게 하신 사도 바울의 말씀처럼 반학생들에게 단순히 성경지식을 전하여 하나님의 뜻을 알게 할 뿐 아니라 말씀으로 준비시켜 다른 사람들을 가르칠 수 있는 리더로 세우는 것이다.

이러한 임무를 수행하기 위해서는 주일학교 교사들이 효과적으로 그리고 효율적으로 가르칠 수 있어야 하는데 교사가 잘 가르치기 위해서는 리더십이 필요하므로 교사가 필요로 하는 리더십은 어떤 것인가를 살펴보는 것이 필요하다. 따라서 이 장(章)에서는 리더십의 정의, 성경적 리더십 그리고 교사의 영적 리더십에 대하여 살펴보려고 한다.

2. 리더십

리더십(Leadership)이란 무엇인가? 옥스포드 영어사전(O.E.D.)에서는 "지도자 특히 정당의 직무와 위치, 주어진 범위 안에서 다른 사람을 지도하거나 그들에게 영향을 미치는 지위, 조직이나 방향설정에 필요한 행위나 영향력"으로 정의한다. 베이커 실천신학 사전에서는 리더십을 "이끌어가는 능력"이라고 정의한다. 그 예로써 예수 그리스도를 제시하고 주일학교 교사는 예수 그리스도를 충성스럽고 헌신적으로 따라감으로써 제자들을 인도할 수 있다고 말한다. 이러한 리더십을 보편적으로 정의하자면, 다른 사람에게 영향을 끼쳐서 자신이 의도하는 것을 생각하거나, 말하거나 행동하도록 하는 힘이다. 리더십에 대한 세속적 관점과 성경적 관점을 아래에서 살펴보자.

세속적 관점

자신의 의도에 따라 학습자들을 지도하기 위해서 교사는 리더십의 발휘해야 하는데 이러한 리더십의 발휘를 위해서는 몇 가지 필요한 조건들이 있다. 리더십을 발휘하기 위한 교사들의 특징 곧 그들의 교수 상의 특징은 다음과 같다.

학습 동기 부여

가르칠 때 리더십의 발휘를 위해서 학습자로 하여금 학습하고자 하는 동기를 불러일으킨다. 학습동기를 불러일으키는 가장 기본적인 요소는 교사가 보여주는 진지한 자세다. 교사의 진지함은 교실에서 교사가 사용하는 말, 태도, 자세 등을 통하여 전해진다. 왜 똑같은 말을 하는데 어떤 사람의 말은 설득력이 있고 다른 사람의 말은 설득력을 갖지 못하는 것일까? 교사는 언어를 통하여 말을 하지만 언어와 함께 그의 태도와 자세는 교사 스스로 자신이 하는 말에 얼마나 확신을 가지며, 가치를 두며, 또 전하려는 의욕이 있느냐를 드러낸다. 이러한 것은 학습자로 하여금 학습하고자 하는 동기를 불러일으킬 수도 있고 그렇지 않을 수도 있다.

어떻게 하면 학습하고자 하는 동기를 불러일으킬 수 있을까를 생각해 보자. 교사로서 제자들의 학습하고자 하는 동기를 불러일으키려면: 첫째, 교사는 분명하게 목표를 제시해야 한다. 지금 배우고 있는 학습의 목표가 무엇인지에 대해 분명히 이해시켜야 한다. 그러나 목표를 이해하여도 그 목표가 성취하기에 너무 어려운 것이거나 또한 너무 쉬운 것이어서는 학습동기를 불러일으키는데 도움이 되지 않는다. 학습 목표는 성취하고자 하는 대상을 분명하게 보여주는 동시에 노력을 하면 성취할 수 있는 것이어야 학습동기를 일으킬 수 있다. 둘째, 교사는 학습자들로 하여금 배우는 내용이 매우 중요한 것임을 의식시켜야 한다. 학습자들은 가르치는 교사의 말과 태도와 자세를 통하여 무엇이 중요한지 아닌지를 안다. 이는 마치 값비싼 물건을 파는 세일즈맨의 자세라고 할 수 있다. 물건을 파는 사람이 진지함을 보임으로써 자신이 파는 물건이 귀한 것이라는 인상을 준다. 성경교사도 세일즈맨이다. 그는 성경을 파는 세일즈맨이다. 그는 자신이 파는 성경이 너무나 귀한 것임을 말로, 태도로, 행동으로 보여주고 느끼게 함으로써 학습자들의 마음에 성경을 배우려는 동기를 불어넣어야한다.

의사소통의 명료화

말의 전달 곧 의사소통을 명료하게 하여 자신의 생각을 분명하게 전한다. 교사가 의사소통을 명료하게 하기 위해서는 :

첫째, 학습자들에게 익숙하지 않은 용어, 이해하기 어려운 용어들은 피하는 대신에 익숙한 단어를 사용해야 한다. 성경을 가르칠 때 사람들에게 익숙하지 않은 어려운 신학적인 용어들의 사용을 피하고 쉬운 용어들로 표현함으로써 원활하게 의사소통을 해야 한다.

둘째, 같은 말을 반복하는 것도 의사소통을 명확히 하기 위한 좋은 방법이다. 단순한 반복이 아니라 말하고자 하는 것을 말하고, 또 강조하여 말한 것을 요약하여 되풀이함으로써 의사소통을 명료하게 해야 한다.

셋째, 문장을 짧게 함으로써 전하고자 하는 뜻을 명료하게 할 수 있다. 글로 표현할 때는 상대적으로 긴 문장을 쓸 수 있으나 말을 할 때는 짧은 문장을 사용하는 것이 의미를 정확하게 전달하는데 도움이 된다.

표현방법의 변화

표현방법의 변화를 통하여 중요한 부분을 강조하고 주의를 집중시킨다. 어떠한 변화를 통하여 학습자들의 주의를 집중시킬 수 있을까? 교사들이 할 수 있는 방법 중에서 :

첫째, 가르칠 때 말의 억양에 변화를 주는 방법이다. 낮은 목소리로 말할 때는 중요한 단어에서 목소리를 높임으로써, 반대로 높은 목소리로 말할 때는 중요한 단어에서 목소리를 낮춤으로써 중요한 부분임을 강조할 수 있고 학습자들의 주의도 집중시킬 수 있다.

둘째, 주의집중을 시키는 또 다른 방법으로는 질문법을 사용하는 하는 것이다. 이 질문법은 가르친 것을 얼마나 이해하고 있는가를 알아보기 위해서 사용하는 것이지만 동시에 학습자들로 하여금 주의집중을 시킬 때도 사용한다. 그러나 모든 질문들이 항상 주의를 집중시킬 수도 있는 것은 아니다. 도리어 분위기를 산만하게 만들 수도 있다. 질문을 사용하여 학습자들의 주의를 집중시키려면 먼저 전체를 대상으로 질문하여 모든 참여자로 하여금 질문에 대하여 생각하게 한다. 그 후에 특정한 사람을 지명하여 대답을 하게 한다. 이와는 반대로 특정한 사람을 먼저 지명하고 난 후에 그 학생에게 질문을 하면 분위기를 산만하게 만들 수가 있다. 왜냐하면 지명을 받은 사람 외에는 질문에 대해 생각을 하려는 의도도 갖지 않고 또한 주의집중도 하지 않기 때문이다. 반면에 지명을 받은 사람은 어떤 질문을 받게 될지를 몰라 당황하게 된다.

리더십을 발휘하기 위해서는 긍정적인 분위기를 만들어야 한다. 리더십이 있는 교사가 되기 위해서는 기본적으로 좋은 교수방법과 좋은 교육내용이 필요하다. 그러나 이것은 필요조건일 뿐이지 교사의 리더십 발휘를 보장해 주는 충분조건은 못된다. 그러므로 긍정적인 분위기를 만들기 위해서는 교사의 리더십을 방해하는 요소가 무엇인지 파악해야 한다. 교사의 리더십을 방해하는 요소는 불평불만을 일삼는 몇 학습자들에 의하여 만들어지기도 한다. 그러한 방해요인들을 해결하고 긍정적인 분위기를 만드는 것이 리더십이다.

성경적 관점

에베소서 4:11은 교회에서 리더십을 발휘해야 할 자로 사도, 선지자, 복음 전하는 자, 그리고 목사인 교사를 제시한다. 그들은 이 직분을 사용하여 리더십을 발휘하여 "성도를 온전케 하며 봉사의 일을 하게하며 그리스도의 몸을 세운다"(엡 4:12). 이 구절은 교회지도자인 목사인 교사로서의 리더십 기능을 말해준다. 즉, 목사인 교사의 직무수행을 위한 리더십, 담임목사로부터 가르치는 책임을 위임받은 주일학교 지도자의 리더십, 주일학교에서 학급을 맡은 교사의 리더십 기능을 말해준다.

좋은 교사는 다른 교사들이 가지고 있지 않은 리더십이라는 자질을 통하여 좋은 결과를 만들어낸다. 이러한 리더십은 교사들에게 매우 중요하다. 현재의 주일학교도 미래의 주일학교도 리더십을 가진 교사를 필요로 한다. 이러한 리더십을 위하여 하나님께서는 모든 그리스도인들에게 은사를 주셨다(고전 12:4-6). 그리고 주일학교는 이러한 은사들을 가진 교사들이 리더십을 발휘하기를 원한다. 그러나 많은 주일학교에는 리더십을 발휘할 수 있는 교사가 부족하다. 이러한 문제가 생기는 것은 성도들이 받은 은사를 제대로 개발하지 못하기 때문이며 또한 받은 은사를 사용하려 하지 않기 때문이기도 하다.

교사는 리더십의 발휘를 통하여 설정한 목표를 성취하고자 한다. 교사는 자기가 맡은 학급에서 리더십을 발휘하여 반학생들을 효율적으로 이끌어 갈 권한과 책임을 지니고 있다. 주일학교 교사가 맡은 반에서 리더십을 발휘해야 할 목적으로는 첫째, 반에 속한 어린이들과 청소년들에게 성경지식을 가르치고, 둘째, 그 결과로 성경본문에 대한 이해가 더 나아지게 하며, 셋째, 성경의 의미를 파악하게 하며, 넷째, 말씀을 통하여 삶에서의 도전, 위로, 격려를 받게 하기 위함이다.

교사가 학급에서 가르칠 때 리더십을 발휘하기 위해서는 첫째, 평범하고 일상적인 말로 가르치고, 둘째, 성경본문에서 핵심적인 의미를 끄집어내어 전달하고, 셋째, 성경의 의미를 현대의 삶에 적용시켜야 한다.

교사가 리더십의 발휘를 위해서는 반학생들에게 익숙한 언어를 사용하고, 핵심을 짚어주고, 그들의 삶에 적용할 수 있게 해주어야 한다. 왜 주일학교 반학생들이 주일학교 성경공부 시간을 지루하고 재미없고 시간낭비라고 느끼는가? 왜 귀한 하나님의 말씀을 공부하는 것을 그렇게 소홀히 여길까? 왜 세상적으로 볼 때도 실력도 있고, 성품이 자상하고, 열심이 있고, 외모도 멋진 교사들인데 그들이 인도하는 성경공부시간을 싫다고 하는가?

여러 이유 중에서 하나는 교수내용에 핵심이 없거나 분명치 않기 때문에 그 결과 하나님의 말씀을 가르치고 배우는 성경공부라 할지라도 실패할 수밖에 없다. 성경을 가르친다고 하여 저절로 초점이 생기는 것이 아니라 교수내용을 주제에 맞춰 논리적으로 전개해 나갈 때 초점이 생긴다. 그렇지 않기 때문에 성경공부에 대한 학습자들의 불만이 생기는 것이다.

그러므로 주일학교 교사가 가르칠 때 리더십을 발휘하기 위해서는 교수내용을 논리적으로 전개해야 한다. 교수내용을 논리적으로 전개하기 위한 두 가지 조건이 있는데 첫째, 논지를 분명히 세우고, 둘째, 그 논지를 중심으로 내용을 전개하는 것이다.

논지를 세우기 위해서는 논지가 무엇인지 먼저 알아야 한다. 논지는 주제인 주어와 설명을 하는 보어로 구성되어 있다. 주제란 "성경구절이 말하는 것"(what a biblical passage is about)이다. 이러한 성경의 주제는 공과의 제목이 될 수도 있고, 일부 성경에서 볼 수 있는 것처럼 단락에 주어진 제목일 수도 있다. 설명 혹은 보어란 "성경구절이 주제에 대하여 말하는 것"(what the passage says about that subject)이다. 이것은 다음과 같이 정리할 수 있다.

- 논지 = 주어(주제) + 보어
- 주어(주제) = 성경구절이 말하는 것

- 보어 = 성경구절이 주어(주제)에 대하여 말하는 것

예를 들어보자. 매 가을마다 많은 학교에서 야외로 가서 글짓기를 한다. 글짓기에 자주 나오는 제목은 '가을단풍' 이다. 이것은 주제이며 학생들은 각기 그 주제에 가을단풍은 무엇이며, 어떤지에 관한 설명을 덧붙인다. 이러한 주제가 되는 '가을단풍' 에 '사람의 마음을 설레게 한다', '마음을 쓸쓸하게 한다' 라는 등의 설명을 붙인 것이 논지이다. 글에 논지가 있듯이 가르칠 때도 논지를 형성함으로써 학습에서 교사로서의 리더십을 발휘하기가 수월해진다.

그러면 성경이 말하는 리더십은 무엇인가? 그 내용을 예수님의 가르침에서 찾아보자. 예수님께서 제자들에게 "이방인의 집권자들이 저희를 임의로 주관하고 그 대인들이 저희에게 권세를 부리는 줄을 너희가 알거니와, 너희 중에는 그렇지 아니하니 너희 중에 누구든지 크고자 하는 자는 너희를 섬기는 자가 되고, 너희 중에 누구든지 으뜸이 되고자 하는 자는 너희 종이 되어야 하리라, 인자가 온 것은 섬김을 받으려 함이 아니라 도리어 섬기려 하고 자기 목숨을 많은 사람의 대속물로 주려 함이니라"(마 20:25-28)고 말씀하셨다. 여기서 말하는 리더십은 섬김(종)의 리더십이다. 이것은 일반인들이 생각하는 세속적인 리더십과 상반(相反)되는 것이다.

예수님께서 제자들에게 교훈하신 리더십은 다수의 '위에' 군림하는 리더십이 아니라 '그들 중' 에 같이 하는 리더십이다. 만일 리더가 다른 사람들 위에 있다면 군림하는 리더이지 섬기는 리더(servant leader)가 아니다. '군림하고' '권위만을 행사하려는' 리더십은 명령하는 권위를 가지려 하지만, 종된 리더십은 그렇지 않다. 명령하는 리더는 명령으로 이끌어가려 하지만 종된 리더는 섬김으로 이끌어가려 한다. 명령에 집착하는 리더는 특정한 행동을 강요하지만 종된 리더는 마음에 영향을 끼침으로 이끌어가려고 한다. 세속적인 리더십은 따르도록 하기 위하여 다양한 강제적인 수단을 사용하지만 성경적인 리더십은 행동을 강요하는 수단을 사용하지 않는다.

3. 성경적 리더십

성경적 리더십은 두 가지 근거 곧 성경적 근거와 신학적 근거를 가지고 있다. 아래에서는 먼저 성경적 근거를 살펴보자.

성경적 근거

바울 사도는 "내가 그리스도를 본받는 자 된 것 같이 너희는 나를 본받는 자 되라"(고전 11:1)고 하였다. 그리스도인(人)은 그리스도를 따르는 사람들로서 그리스도의 리더십을 인정하고 따라간다. 바울의 말씀과 같이 자발적으로 그리스도와 바울을 따르게 하여 이끌어가는 것이 성경적 리더십이다. 그러므로 예수님께서 하나님 아버지의 뜻을 따르고, 바울 사도가 예수님의 뜻을 따른 것처럼, 주일학교 교사는 반학생들이 하나님과 예수 그리스도를 알고, 믿고, 섬기고, 따르도록 인도해야 한다. 그러므로 교사가 올바른 리더십을 행사하기 위해서는 성경에 근거해야 한다. 성경에 따라 행사하는 리더십이 성경적 리더십인데 이러한 성경적 리더십은 하나님의 뜻에 기초한다.

성경적 리더십은 자신의 지식과 능력과 지위와 물질과 경험에 기초하지 않고 하나님께서 주시는 은사와 능력에 기초한다. 에베소서에서는 성경적 리더십을 발휘할 교회의 리더로 목사인 교사를 제시하고 그 임무로는 모든 성도들이 하나님의 아들을 믿고 아는 일에 하나가 되고 또한 온전한 사람을 이루어 그리스도의 장성한 분량이 충만한 데까지 이르도록(4:13) 가르치고 지도하는 일을 제시한다. 리더들이 이러한 사역을 감당할 때 필요한 것이 리더십(指導力)이다.

성경적 리더십은 성경적 제자도(弟子導)라고도 할 수 있다. 곧 성경적 리더라고 말하는 것은 예수님의 제자라는 말과 같다. 교회에 있어서는 예수님만 리더이시고 주일학교 교사를 포함한 다른 모든 성도들은 예수님의 제자들이다. 이러한 관점에서 성경적 리더십은 성경적 섬김의 도(道, servantship)이다. 예수님께서는 "인자의 온 것은 섬김을 받으려 함이 아니라 도리어 섬기려 하고 자기 목숨을 많은 사람의 대속물로 주려 함이니라"(막 10:45) 하셨다. 예수님은 "너희 중에 누구든지 으뜸이 되고자 하는 자는 모든 사람의 종이 되어야 하리라"(막 10:44)고 말씀하심으로 리더인 교사가 지녀야 할 섬김과 제자도와 종 됨의 자세를 보여주셨다.

이러한 리더십의 본질을 성경적 관점에서 세분하면 다음과 같이 말할 수 있다. 곧 성경적 리더십은 하나님 중심이며, 그리스도 중심이며, 성령중심이며, 성경중심이며, 교회중심이며, 성도중심이며, 사랑중심이다.

세속학교에서는 교사의 리더십 역할이 감소하고 주어진 교과목의 지식을 효과적으로 전달하는데 중점을 둔다. 그나마 공교육이 살아있을 때는 교사는 학생들로부터 존경을 받았고, 권위가 있었고 지도력을 발휘할 수 있었지만 학교가 평준화되고, 학부모의 경제생활에 여유가 생기고, 학생들의 의지가 강하여짐에 따라 교사의 권위와 리더십은 위축되었다. 권위도 없고 리더십을 발휘할 수도 없고 오로지 지식만을 가르치는 교사가 되어버린 학교교사와는 달리 주일학교 교사는 예수님께서 부여하신 권위를 가지고 리더십을 발휘하여야 한다.

주일학교 교사의 리더십 원형은 예수님에게서 찾아볼 수 있다. 그러므로 성경적 리더십을 발휘하기 위해서는 예수님을 알아야 한다. 곧 예수님은 누구시며, 무엇을 하셨으며, 어떻게 하셨는가에서 성경적 리더십의 본질과 내용을 찾아야 한다. 예수님은 지정의(知情意)의 각 영역에서 리더들의 본이 되셨다.

곧 예수님은 첫째, 지적인 면에서는 하나님의 뜻, 사람의 본질, 교수내용과 교수방법, 교수목표 등을 아셨고, 둘째, 정적인 면에서는 겸손, 진실, 사랑, 희생, 참으심 등을 보여주셨고 셋째, 의지적인 면에서는 가르침대로 사시는 모본을 보이시고 사람을 위하여 희생하셨다.

주일학교 교사는 예수님께서 사람들을 대하시고 가르치시고 모범을 보이신 모습에서 리더십을 배울 수 있다. 그 내용을 살펴보면 첫째, 예수님은 제자들을 사랑으로 대하셨고, 자발적으로 따르게 하셨으며, 협동을 강조하셨으며, 제자들의 권리를 존중하셨고, 필요를 충족시켜주셨고, 마음을 열어주셨고, 말에 귀를 기울이셨으며, 제자들을 개인적으로 아셨으며, 찾아가셨고, 제자들이 행동하는 이유를 아셨고, 칭찬을 하셨고, 지속적으로 훈련을 시키셨다. 둘째, 예수님은 대화에서 리더십을 드러내셨다. 예수님의 가르침은 목표지향적이셨으며, 제자들이 이해할 수 있도록 말씀하셨고, 그들의 말에 귀를 기울여 들으셨고, 만나셨고, 성품을 아셨고, 다양한 방법을 사용하셨다. 셋째, 예수님은 제자들에게 일을 맡기심에서 탁월한 리더십을 나타내셨다. 제자들에게 사명을 맡기실 때 해야 할 일을 분명히 알게 하셨고, 그 내용을 말해주셨을 뿐 아니라 그들에게 능력을 주셨고, 결과를 확인하셨으며, 신뢰하셨으며, 일을 마치면 칭찬하여 주셨다. 넷째, 사역을 함께 하실 때 리더십을 발휘하셨다. 제자들과 자유롭게 의논하셨고, 선한 행동과 양심으로 사역을 하셨고, 사역에서 높은 기준을 세우시고, 고귀한 목표를 제시하시고, 더 나은 결과를 요구하시고, 성령의 인도를 원하시고, 개인을 귀하게 여기시고, 협력하여 사역할 때 지켜야 할 기본 규칙을 정하셨다.

성경에 근거를 두는 이러한 주일학교 리더십은 다음과 같은 역할을 한다. 연합활동을 장려하고, 그 방향을 제시하며, 지혜롭게 계획하도록 도우며, 가치가 있는 목표를 성취하게 하며, 섬기며, 동기를 유발하고, 힘을 북돋우며, 인도하며, 결과를 평가한다.

신약에 나타난 이와 같은 예수님의 리더십은 다음과 같이 요약할 수 있다. 첫째, 그리스도인이 예수님께 순종하는 것은 그가 우리의 머리여서가 아니라 우리의 주님이시기 때문이다. 곧 신약에서의 리더십의 본질은 지위가 아니라 관계다. 둘째, 전체 조직을 유지시키며, 조직이 성장하는데 필요한 것을 공급하며, 헌신적으로 섬길 뿐 아니라 변화를 유도하며, 성숙하도록 세워준다. 모든 성도들을 성숙하게 하는 원동력이며, 반학생들이 영적으로 성숙하게 하는 원동력이다. 셋째, 구약시대의 리더십이 권위적이며 계층적인 것과는 반대로 예수님의 리더십은 살아있는 유기체 안에서 유기적인 관계를 유지한다. 넷째, 에베소서 5장의 리더십은 주도권을 말하는 것이 아니라 섬기며, 높이며, 헌신에 초점을 두는 종의 리더십 곧 예수님의 리더십이다. 다섯째, 가정의 머리로서의 남편의 기능은 교회의 구주가 되시는 예수님께서 교회를 사랑하시며 섬기신 종의 리더십과 같다.

성경은 예수님의 리더십을 통하여 주일학교 교사들이 가져야 할 리더십의 본질과 모습에 대하여 보여주고 있다.

신학적 근거

초대 고린도 교회는 연합하지 못하고 내부적으로 분파가 계속 일어났다. 특히 특정한 지도자들을 중심으로 뭉쳐지는 분파가 계속 일어났다. 그래서 바울은 고린도 교회 성도들에게 "너희가 아직도 육신에 속한 자로다 너희 가운데 시기와 분쟁이 있으니 어찌 육신에 속하여 사람을 따라 행함이 아니리요"(고전 3:3)라고 꾸짖었다. 고린도 교회가 연합되지 못한 이유는 다음과 같이 여섯 가지로 설명할 수 있다.

초대 고린도 교회내의 분파원인은 인간 지도자에 초점을 두었기 때문이다(고전 1:-4:)

당시 고린도 교회는 바울과 아볼로 등과 같은 훌륭한 지도자들을 중심으로 하여 여러 그룹으로 나뉘었다. 그러나 바울은 교회 지도자들 모두는 하나님의 일군에 지나지 않음을 강조하며 교회의 분파를 꾸짖었다. 한국교회도 여러 그룹으로 나눠져 있는데 특별히 이단적 교리를 강조하지 않는다면 상대방을 문제의 그룹으로 볼 것이 아니라 의식과 교리상에 차이는 있어도 믿음은 하나라는 생각을 해야 한다.

인간적인 조화에 초점을 두었기 때문이다(고전 5:)

고린도 교회는 문제가 있는 성도들도 전체의 조화를 위하여 수용하였다. 그리스도의 사랑을 말한 것이나 이것은 잘못된 사랑이요 조화다. 사랑이 중요하지만 인간적 조화를 위하여 진리의 문제를 희생해서는 안된다.

인간적인 권리에 초점을 두었기 때문이다(고전 6:)

성도들 간에 다툼이 났을 때 자신의 권리를 위하여 세상 법정에 가지고 갔다. 바울은 그러한 문제는 교회 자체에서 해결하도록 권하였다. 교회의 문제를 자신의 유익 때문에 일반법정으로 가져가는 것은 자신의 권리를 보호받기 위하여 교회의 하나 됨을 희생하는 것이다.

사랑이 없이 개인의 자유에 초점을 두었기 때문이다(고전 8:-10:)

우상 제사에 사용하였던 제물을 먹는 문제 때문에 성도 간에 분란이 생겼다. 어떤 사람은 이방신(異邦神)이란 없으니 제물을 먹어도 상관이 없다고 하고, 어떤 사람은 우상제물을 먹는 것은 잘못이라고 하였다. 그들은 자신의 지식을 신뢰하고 그에 따라 다른 사람을 비판하며 사랑을 잊어버렸다.

잘못된 권리주장에 초점을 두었기 때문이다(고전 11:)

바울은 여성을 온전한 인격체로 그리고 교회의 한 지체들로 여겼다(갈 3:26). 고린도 교회 여성들은 그러한 그리스도인의 자유에 근거하여 여성들이 머리에 쓴 수건을 벗을 권리를 요구하였다. 이러한 주장은 남녀 간의 참된 동등은 여성들이 남자들과 모든 면에서 같이 해야 한다는 잘못된 권리

주장에 따른 것이다.

계층 간의 구별에 초점을 두었기 때문이다(고전 12:-14:)
고린도 교회에서는 겉으로 드러나는 은사를 받은 사람이 존중을 받았다. 이는 은사와 기능을 혼돈한 것이다.

4. 교사의 영적 리더십

'영적 리더십' 이라고 할 때 두 가지로 나누어 생각할 수 있다. 하나는 '영적' 리더십이고, 다른 하나는 영적 '리더십' 이다. 앞의 것은 여러 리더십 중에서 '영적' 인 것에 관한 것이고, 뒤의 것은 여러 영적인 것 중에서 '리더십' 에 관한 것이다. 교사는 이러한 두 가지의 영적 리더십 모두를 필요로 한다.

'영적' 리더십

이번 항(項)에서는 교회 안에서 행사되는 리더십에 대하여 살펴보자. 성령의 리더십 은사를 받은 교사의 주된 임무는 반학생들을 온전한 그리스도인으로 양육하는 것이다. 주일학교 교사는 반학생들에게 영향을 끼칠 수 있는 '영적' 리더십('Spiritual' Leadership)을 갖고 있어야 한다. 교사들에게 필요한 '영적' 리더십은 다음과 특징을 가진다.

'영적' 리더십은 직책이 아니라 능력이요 역할이다
주일학교 교사는 영적으로 긍정적인 영향을 끼칠 수도 있고 부정적인 영향을 끼칠 수도 있는 '영적' 리더십을 가지고 있다.

'영적' 리더십은 군림하는 리더십이 아니라 섬기는 리더십이다

이는 예수님께서 보여주신 리더십이다. 제자들에게 "… 나는 섬기는 자로 너희 중에 있노라"(눅 22:27)고 말씀하신 것처럼 예수님은 섬기는 종의 리더십을 가지셨다. 종의 리더십은 소극적인 자세가 아니라 적극적인 자세이며 주일학교 교사인 자신에게 주어진 책임을 어쩔 수 없이 감당하는 자세가 아니라 반학생들이 온전한 그리스도인이 되도록 섬기며 최선을 다하여 봉사하고 인도하는 자세다.

'영적' 리더십은 주일학교 교사의 본질이지 능력이 아니다

그러므로 리더가 실패하는 것은 능력이 없어서가 아니라 성품에 문제가 있기 때문이다. '영적' 리더십을 발휘하기 위해서는 바울의 말씀처럼(고전 11:1) 그리스도의 성품을 본받아야 한다. 이러한 성품의 개발은 주일학교 교사에게 매우 중요하다. 리더십은 이미 완성된 것이 아니고 계속하여 완성되어 가는 것이다. 바울은 디모데전서 3장과 디도서 2장에서 리더십의 본질을 말하고 있는데 그 핵심은 '영적' 리더십은 어떤 사역이 아니라 어떤 사람이 되느냐 하는 것이다.

영적 '리더십'

영적 '리더십'(Spiritual 'Leadership')은 영적 사역에서 필요한 '리더십'을 말한다. 이러한 영적 '리더십'의 본질을 살펴보자.

영적 '리더십'은 탁월성을 필요로 한다

탁월한 리더가 되기 위해서는 다른 사람이 하는 노력보다 더 많은 노력을 해야 한다. 탁월성은 어디서 개발할 수 있으며, 어떻게 개발할 수 있을까? 그 비결은 하나님과 함께 하는 것에서 시작한다. 왜냐하면 탁월성은 하나님의 속성이기 때문이다. 하나님은 이름이 뛰어나고(시 8:1, 148:13), 자비와 인애가 뛰어나고(시 36:7), 위대하심이 뛰어나며(시 150:1), 구원이 뛰어나며((사 12:2-5), 사역이 뛰어나며(신 32:1-4), 사역방법이 뛰어나며(삼하 22:31), 그 뜻이 뛰어나다(롬 12:1-2).

다윗은 역대상 22:5에서 하나님은 모든 것 위에 뛰어나신 분이시므로 그가 거하실 성전은 "극히 장려하여 만국에 명성과 영광이 있게" 해야 한다고 말하였다. 그러므로 영적 리더인 교사는 자신이 일에서 하나님의 이름을 드러내기 위해서는 뛰어나야 한다. 우리로 하여금 뛰어난 교사가 되도록 하기 위하여 하나님께서는 다음과 같은 여러 방법으로 역사하신다.

첫째, 먼저 교사인 나의 연약함을 깨닫게 하신다. 우리의 무능을 깨닫게 하시고 "내 은혜가 네게 족하도다 이는 내 능력이 약한 데서 온전하여 짐이라 하신지라 이러므로 도리어 크게 기뻐함으로 나의 여러 약한 것들에 대하여 자랑하리니 이는 그리스도의 능력으로 내게 머물게 하려 함이라"(고후 12:9)고 하셨다. 이는 나의 연약함을 깨닫고 하나님을 의지하여 하나님의 능력을 받게 하기 위함이다.

둘째, 다른 성도들의 기도를 통하여 역사하신다. 골로새 성도들은 에바브라의 기도로 굳게 서게 되었는데 바울은 말하기를 "항상 너희를 위하여 애써 기도하여 너희로 하나님의 모든 뜻 가운데서 완전하고 확신있게 서기를 구(한다)"(살전 3:10)고 하였다. 하나님은 성도들의 기도를 들으셔서 주일학교 교사들의 사역가운데 역사하신다.

셋째, 함께 말씀을 나누는 사람들을 통하여 역사하신다. 하나님께서는 믿는 성도들 간의 영적인 교제를 통하여 서로의 "믿음의 부족함을 온전케"(살전 3:10)하신다. 좋은 교사의 배후에는 긴밀하게 교제할 수 있는 영적인 성도들이 있다.

넷째, 개인적인 성경연구를 통하여 역사하신다. 하나님께서는 성경이 교사들에게 지혜와 능력의 원천이 되게 하신다. "모든 성경은 하나님의 감동으로 된 것으로 교훈과 책망과 바르게 함과 의로 교육하기에 유익하니 이는 하나님의 사람으로 온전케 하며 모든 선한 일을 행하기에 온전케 하려 함이니라"(딤후 3:16-17)고 한 바울은 디모데에게 성경을 통하여 역사하시는 하나님의 능력을 강조한다.

다섯째, 고난을 통하여 역사하신다. 그리스도인은 고난을 면하는 것보다 나에게 주어진 고난을 이길 수 있는 힘을 얻는 것이 중요하다. "모든 은혜의 하나님 곧 그리스도 안에서 너희를 부르사 자기의 영원한 영광에 들어가게 하신 이가 잠간 고난을 받은 너희를 친히 온전케 하시며 굳게 하시며 강하게 하시며 터를 견고케 하시리라"(벧전 5:10)는 바울의 말처럼 하나님은 고난을 통하여 선(善)을 이루신다.

여섯째, 온전한 삶의 열매에 대한 갈망을 주심으로 역사하신다. 하나님께서는 교사의 심령에 역사하셔서 영적 온전함을 갈망하게 하신다. 바울 사도는 "하나님의 뜻대로 하는 근심은 후회할 것이 없는 구원에 이르게 하는 회개를 이루는 것이요 세상 근심은 사망을 이루는 것이니라"(고후 7:10)고 하였다.

이러한 탁월함을 구함에 있어 그 동기가 무엇인지를 다시 점검하는 것이 필요하다.

첫째, 이러한 탁월함이 내 자신을 위한 것인지 아니면 주님을 위한 것인지를 살펴봐야 한다. 교사들의 탁월함에 대한 갈망은 주님을 위한 것이어야 하기 때문이다.

둘째, 모든 것에 온전하신 분은 오직 한분 예수님 밖에 없다는 사실이다. 교사가 비록 흠이 있으나 주님을 의지할 때 평강의 하나님께서 그의 뜻을 따라 교사로 하여금 선한 일을 행하기에 온전케 해주신다(히 13:20-21).

리더십은 적극성을 지닌다

지도자는 어떤 일이 일어나기를 기다리는 자가 아니라 일을 만드는 자이다. 모든 군사들조차 두려움에 떨고 있을 때 소년 다윗은 어렸지만 적장(敵將) 골리앗에게로 적극적으로 나아갔다. 역대하 11:6에서도 여부스 족속을 치러 먼저 올라가는 자가 두목이 되리라 했을 때 요압이 먼저 올라감으로 장수가 되었다. 이러한 리더의 적극성은 자신을 하나님께 드리는데도 나타내야 한다. 지도자는 다음의 여러 방법으로 적극성을 행사해야 한다.

첫째, 섬기는데 적극적이어야 한다. 주일학교 교사는 하나님을 섬기는 일과 가르치는 일에 적극적인 자세를 지녀야 한다.

둘째, 화해하는데 적극적이어야 한다. 예수님께서 "그러므로 예물을 제단에 드리다가 거기서 네 형제에게 원망들을 만한 일이 있는 줄 생각나거든 예물을 제단 앞에 두고 먼저 가서 형제와 화목하고 그 후에 와서 예물을 드리라"(마 5:23-24)고 말씀하신 것도 그리스도인의 삶이 화해하는데 적극성을 띄어야 함을 말한다. 화해를 먼저 청하는 것은 매우 어려운 일이다. 자존심 때문에 먼저 화해를 청하기 힘들다. 마귀는 성도들이 서로 화해하지 못하도록 방해하기 위하여 우리 마음에 들어와서 먼저 화해를 청하면 내 자신은 비굴해지고 다른 사람은 나를 깔볼 것으로 생각하게 한다. 그러나 자존심을 꺾고 먼저 화해하는 마음에 하나님께서 큰 기쁨을 주신다.

셋째, 지식을 구하는데 주도적(主導的)이어야 한다. "사람의 마음에 있는 모략은 깊은 물 같으니라 그럴찌라도 명철한 사람은 그것을 길어 내느니라"(잠 20:5)고 하였다. 주일학교 교사는 지식을 구하는데 주도적인 자세를 가져야 한다. 더 나아가 지도자는 지식이 있는 사람을 찾아 그들로부터 배워야 한다. 이러한 적극성은 행동의 필요를 느끼는 마음이나 정신을 말한다.

리더가 이러한 주도권을 얻을 수 있는 가장 효과적인 방법은 다른 사람보다 앞서 모든 것을 생각하는 훈련을 하는 것이다. 곧 리더는 첫째, 다른 사람보다 먼저 보고, 둘째, 다른 사람보다 더 많이 보고, 셋째, 다른 사람보다 더 멀리 보는 사람이다.

'먼저 생각할 때'의 장점에는 두 가지가 있는데 첫째, 리더로 하여금 어려움을 피하도록 해준다. 미리 생각함으로 다가올 올무와 함정을 피하게 해준다. 이것을 하면 어떤 결과가 올 것인데, 나는 그 결과를 원하는가? 그것을 원하지 않는다는 결론에 이르게 되면 그 일을 하지 않게 된다. 둘째, 먼저 생각함으로 리더는 목표를 세울 수 있을 뿐 아니라 그 목표를 성취할 수 있는 최선의 방법을 생각하게 된다. 이러한 생각을 하게 되면 리더는 말씀과 기도로 하나님과 교제를 가지게 될 것이다. 그 이유를 바울은 "하나님의 미련한 것이 사람보다 지혜 있고 하나님의 약한 것이 사람보다 강하기"(고전 1:25) 때문이라고 설명한다.

리더십은 창의성을 발휘한다

이러한 창조성 때문에 지도자가 대중보다 앞장을 서게 된다. 지도자는 새롭고 다른 것을 시도하기를 주저하지 말아야 한다. 많은 사람들이 창의성을 버리고 산다. 성경에서 걷지 못하는 친구를 지붕에서 집안으로 내려 예수님으로부터 고침을 받게 한 네 친구에게서(마 2:2-5) 창의성을 배울 수 있다. 그들은 사람이 많아 예수님께 다가갈 수 없을 때도 포기하지 않고 예수님께 나갈 방법을 찾았다. 그러면 주일학교 교사가 창의성을 가질 수 있는 비결은 무엇인가? 첫째, 합당한 마음을 가지므로, 둘째, 지속적으로 더 나은 방법을 추구하므로, 셋째, 생각하는 훈련을 하므로, 넷째, 개방된 마음으로 담대하게 기도하므로, 다섯째, 하나님께서 보여주시는 새로운 것을 용감하게 시도하므로, 여섯째, 가장 근본적인 것은 창조성이 풍부하신 하나님과 항상, 가까이, 긴밀하게 교제함으로 창의성을 얻을 수 있다. 그 이유는 "만물이 그에게 창조되되 하늘과 땅에서 보이는 것들과 보이지 않는 것들과 혹은 보좌들이나 주관들이나 정사들이나 권세들이나 만물이 다 그로 말미암고 그를 위하여 창조되었기"(골 1:16) 때문이다. 그러므로 창조적인 사람이 되려면 하나님과의 교제에 많은 시간을 투자해야 한다.

✤ 학습 문제

1. 리더십의 보편적인 정의를 설명하시오.

2. 교사가 의사소통을 명료하게 하는 방법을 설명하시오.

3. 학습자들의 주의를 집중시킬 수 있는 방법을 설명하시오.

4. 에베소서 4:11에 나타난 리더십을 발휘해야 할 네 가지 직분과 임무에 대하여 설명하시오.

5. 성경적 리더십의 본질을 세분하여 설명하시오.

6. 주일학교 교사가 배워야 할 예수님의 리더십을 설명하시오.

7. 고린도교회가 연합되지 못한 여섯 가지 이유를 설명하시오.

8. 교사의 '영적' 리더십에 대하여 설명하시오.

9. 교사의 영적 '리더십'에 대하여 설명하시오.

 6장

교사의 자기개발

1. 서론

교사는 성경을 가르치되 재미있고 감동 있게 가르치기를 원한다. 능력이 있고 감화력이 있는 교사가 되려면 곧 더 나은 교사가 되기 위해서는 교사는 자기개발에 관심을 가져야 하고, 성경교수 내용을 계속 연구해야 하고, 교사의 가르침에서 성령의 역할이 무엇인지를 알아야 한다. 교사의 자기개발에 대한 기초를 먼저 살펴보자.

2. 교사의 자기개발의 기초

주일학교 교사가 감화력이 있고 영향력을 끼치는 탁월한 교사가 되기 위해서는 자기개발을 해야 한다. 이러한 자기개발에 필요한 요소들인 자기개발의 목표, 수단 그리고 내용에 대하여 살펴보자.

자기개발의 목표

주일학교교육지도자는 교사들의 자기개발의 목표와 방향을 설정해주어야 한다. 이를 위하여 주일학교 혹은 교회가 바라는 교사의 상(像) 곧 교사 자신의 개발목표가 먼저 정립되어야 한다. 이를 좀 더 구체적으로 말하자면 다음의 네 가지로 구분할 수 있다. 첫째, 성경이 말하는 교사는 어떠한 사람이며, 둘째, 교회가 원하는 교사는 어떠한 사람이며, 셋째, 주일학교가 필요로 하는 교사는 어떠한 사람이며, 넷째, 반학생들에게 필요한 교사는 어떤 사람인가를 먼저 제시해야 한다. 다음에서는 위의 4가지 항목을 하나씩 살펴보고자 한다.

성경이 말하는 교사는 어떠한 사람인가? 이것은 교사의 본질을 말하는 것인데 그러면 교사의 본질은 무엇인가?

첫째, 주일학교 교사는 성경지식을 가르치는 사람이다. 그러나 이것은 그리스도인 교사의 본질 중 하나이지 유일한 사역은 아니다. 디모데후서 2:2에서 바울은 디모데에게 "또 네가 많은 증인 앞에서 내게 들은 바를 충성된 사람들에게 부탁하라 저희가 또 다른 사람들을 가르칠 수 있으리라"고 하셨다. 바울의 권면처럼 교사는 무엇보다 성경지식을 가르치는 사람이 되어야 한다.

둘째, 부모를 대신하는 동시에 예수님으로부터 가르침에 대한 권리와 권위를 부여(賦與)받은 사람이다. 그리스도인 부모는 자녀신앙교육의 책임을 가지고 있다. 그러나 자녀들이 학교에 있을 때는 선생님이 부모의 위치(in loco parentis)에서 가르침에서 권위와 책임을 가지고 교회에서는 주일학교 교사가 부모와 같은 권위를 가진다.

그러나 주일학교 교사와 일반학교 교사는 권위의 원천에서 차이가 있다. 곧 일반학교 교사들의 권위는 그들이 가지고 있는 지식에서 나온다. 그러나 주일학교 교사의 권위는 예수 그리스도의 위임에 근거한다. 가르치시는 것이 서기관이나 바리새인들과는 달리 권세가 있었던(마 7:29) 예수님께서 승천하시기 전에 "내가 너희에게 분부한 모든 것을 가르쳐 지키게 하라..." (마 28:20)고 하는 대위임령을 제자들에게 주셨다. 곧 예수님은 가르치는 사역과 권위를 제자들에게 위임해 주셨고, 제자들은 다시 교회의 지도자들에게, 교회 지도자인 목사는 그 권위를 다시 주일학교 교사들에게 위임해 주었다. 그러므로 주일학교 교사는 가르칠 때 그리스도께서 위임하신 권위를 가진다.

이러한 권위를 가진 주일학교 교사의 자격 중에서 몇 가지를 생각해보자.

첫째, 영적인 자격이다. 그리스도인 교사의 영적인 자격에 대해서는 바울이 디모데에게 보낸 편지에서 찾아볼 수 있다. 바울은 "네가 진리의 말씀을 옳게 분변하며 부끄러울 것이 없는 일군으로 인정된 자로 자신을 하나님 앞에 드리기를 힘쓰라"(딤후 2:15)고 하였다. 바울 사도가 말하는 하나님의 말씀을 가르치는 교사의 영적 자격은 먼저 '하나님의 말씀을 옳게 분변하는 것' 이다. 주일학교 교사가 하나님의 말씀을 '옳게 분변하지 못할 때' 는 18절의 말씀처럼 '진리에 관하여는 그릇되었도다' 라는 말을 듣게 된다. 또 다른 영적 자격을 보면 "부끄러울 것이 없는 일군으로 인정"을 받아야 한다. 부끄러울 것이 없다고 하는 것은 사람과 하나님 앞에서 온전하고 완벽함을 말한다. 이 말을 주일학교 교육에 적용시키자면 아담의 죄로 말미암아 오염되고 부패된 하나님의 형상을 성령의 능력으로 회복시키라는 명령과 같다. 마지막으로는 영적으로 자격이 있는 교사는 하나님 앞에 자신을 드리기를 힘쓰는 것이다. 어떻게 하는 것이 자신을 하나님께 드리는 사람이라 할 수 있는가? 그는 자기를 부인하며 하나님 중심으로 사는 사람이다.

둘째, 인격적 자격이다. 교사는 증인의 사명을 감당하는 사람이다. 교사는 십자가의 증인으로서 자기의 직분을 위하여 헌신하는 사람이다. 물을 담는 그릇보다 그릇 속에 담긴 물이 더 중요하다. 그러나 물을 더 가치 있게 하기 위해서는 그릇도 깨끗해야 하듯이 자격 있는 그리스도인 교사가 되기 위해서는 인격적 자질이 필요하다.

셋째, 기능적 자격이다. 교사는 학습자들을 이끌어가는 리더이므로 반 학생들을 지도해나가는 기능 곧 능력을 소유해야 한다. 리더는 보스와 여러 면에서 다르다. 그리스도인 교사는 명령하고, 강압하는 보스가 아니라 인도하고, 방향을 제시하고, 이끌어가며, 사람을 사랑하는 리더이다. 이는 느헤미야처럼 모범을 보이는 사람이다.

교회가 원하는 교사는 어떤 교사인가?

교회는 자기들이 바라는 성도의 모습이 있다. 그리고 이러한 성도를 만들어가기 위해서는 그에 필요한 교사상(像)이 있다. 다음과 같은 네 가지의 자질을 교사상으로 제시할 수 있다:

첫째, 소명의 사람이다. 주일학교 교사의 사명을 감당하는 일은 매우 어려움에도 불구하고 헌신적으로 사역하는 것은 하나님께서 주신 소명으로 일하기 때문이다. 주일학교 교사는 이러한 소명의식으로 무장되어 있기를 기대한다.

둘째, 성경의 기준에 부합(附合)한 사람이다. 사도 바울은 디모데에게 지도자의 자격을 말하고 있다(딤전 3:1-7). 그리고 임무에 대하여서도 말하고 있다(딤후 4:2-5). 교회는 이러한 자격과 임무수행을 교사에게 기대한다.

셋째, 본(本)을 보이는 사람이다. 베드로 사도(벧전 5:3)와 바울 사도(살전 1:)도 교사들에게 행동과 삶으로서 본을 보이라고 요구한다.

넷째, 사랑으로 교육한다. 이러한 사랑에는 세 가지가 포함된다. 반학생에 대한 사랑, 성경에 대한 사랑, 가르침에 대한 사랑 등.

주일학교가 필요로 하는 교사는 어떠한 사람인가?

주일학교가 교육사역을 수행하기 위해서는 교사가 필요하다. 이 때 주일학교는 어떠한 교사를 필요로 하는가를 생각해보자.

첫째, 예배를 드리는 것에 본을 보이는 교사를 필요로 한다. 그렇게 하기 위해서는 교사 자신이 먼저 예배를 경건하고 진지하게 드려야 한다. 나이가 어릴수록 말로 교육하는 것보다 행동으로 교육하는 것이 더 효과적이다. 예배에 있어서도 마찬가지다. 교사들이 예배를 경건하게 드리는 모습을 반학생들에게 보임을 통하여 가르쳐야 한다.

둘째, 전도하는 교사를 필요로 한다. 주일학교는 믿는 가정의 자녀들을 말씀으로 양육하는 기능도 있지만 믿지 않는 어린이들을 전도하는 전도기관의 성격도 갖고 있다. 영국에서 처음 주일학교가 만들어졌을 때도 동네의 불신(不信) 어린이들을 모아다가 읽기, 쓰기 그리고 셈하기를 가르치는 것으로 시작하였다.

지금 우리 주위에서도 어린이전도를 통하여 교회가 부흥한 사례를 여럿 볼 수 있다. 서울 상계동에 있는 'ㄲ'교회가 그 대표적인 사례. 목회자가 주일학교 어린 심령에 대한 뜨거운 열정을 가지고 시작한 결과로 주일학교만 부흥한 것이 아니라 그들을 통하여 부모들을 전도함으로 전교회가 크게 부흥하고 있다.

셋째, 주일학교는 반학생들을 잘 돌보는 교사를 필요로 한다. 교회 안에서만 돌보는 것이 아니라 그들을 주간(週間)생활도 돌보아야 한다. 교사가 반학생들의 가정생활과 학교생활을 파악하고 있다면 신앙성장만이 아니라 일반 생활 모든 면에서 문제가 일어나는 것을 미리 예방할 수 있다.

반학생들에게 필요한 교사는 어떤 교사인가?

첫째, 반학생들을 사랑해주는 교사를 필요로 한다. 피교육자를 사랑하는 것은 교사에게 가장 중요한 자질이다. 사랑을 주고받을 때 교육은 효과를 발휘할 수 있다. 교사로서 어떻게 하면 그들을 사랑할 수 있을까? 그들의 현재의 모습만을 보면 사랑하지 못할 수도 있다. 그러나 그들을 위하여 우리 주님께서 세상에 오시고, 고난을 받으시고, 십자가에 못 박혀 돌아가셨음을 기억한다면 사랑할 수밖에 없다. 또 그들의 미래를 생각한다면 사랑할 수 있을 것이다.

둘째, 그들을 위하여 기도해주는 교사를 필요로 한다. 기도로 자녀를 양육하는 가정과 그렇지 못한 가정의 자녀는 여러모로 차이를 보인다. 주일학교 어린이는 교사들의 영적인 자녀이다. 믿음으로 낳은 그들을 기도로 양육하는 것이 필요하다.

셋째, 그들은 같이 만나주고 자신의 대화상대가 되어주는 교사를 필요로 한다. 학교수업 뿐 아니라 학원수업 등으로 지치고 바쁜 그들이지만 그들과의 만남과 대화는 아주 필요하다. 이러한 만남과 대화를 통하여 교사와 반학생들은 서로를 알아갈 수 있다. 요즘은 인터넷과 매체를 사용함으로써 그들과의 만남을 이어갈 수 있다.

한 주일에 한두 시간 교회에서 만나는 것으로는 그들의 생활을 알 수가 없다. 그들의 학교친구, 학원친구 기타 친구들과의 교제 상태는 어떠한가를 파악하기 위해서도 대화가 필요하다. 이러한 반학생들과의 만남과 대화는 그들의 신앙성숙과 인격성숙에 매우 중요한 요소가 된다.

자기개발의 내용

유능한 교사가 되기 위한 자기개발의 핵심은 성경교수방법을 개발하는 것이다. 성경교수방법을 개발하기 위해서는 먼저 성경교수에 대한 이해가 필요하다. 곧 성경교수란 무엇인지를 먼저 파악해야 한다. 그러면 성경교수란?

첫째, 성경구절의 핵심적인 의미를 파악하여 가르치는 것이다.

둘째, 성경주해와 함께 그에 따른 삶의 경건성을 강조하는 것이다.

여기의 경건성은 성경의 내용을 학습자의 삶과 시대에 적용하는 것이다. 적용내용은 성경교수의 대상에 따라 다르다. 마치 어머니가 갓난아이에게는 소화시키기 쉬운 젖을 먹이는 것처럼 영적으로 어린 사람일 경우에는 이해하기 쉬운 내용과 방법으로, 어른들에게는 영양분을 골고루 섭취하도록 하기 위하여 다양한 음식을 제공하듯이 영적으로 성숙한 사람들에게는 신앙을 굳게 세워줄 수 있는 교리와 하나님의 섭리와 뜻을 가르친다.

이러한 주일학교 교사들이 가르치는 성경교수는 예배에서 선포하는 설교와는 다르다. 설교와 교육(교수)과의 관계를 말하는 다양한 의견들을 살펴보자.

"설교는 불신자를 대상으로 하는 구속의 메시지라고 하고 성경교수는 신자를 대상으로 하는 윤리적인 교훈이라 정의하기도 한다. 그러나 성경교수도 윤리적인 교훈만이 아니라 교리에 대한 교육을 한다는 점에서 이러한 정의는 타당하지 않다."

"설교는 방법론에 있어 일방적(one-way)인 가르침이고, 일회적(一回的)인 것이며, 즉각적인 반응을 가져오는 것이라고 하고, 성경교수는 쌍방적(two-way)이고, 연속적인 것이며, 점진적인 변화를 추구하는 것이라고 정의하기도 한다. 그러나 설교도 어떤 교리나 로마서나 사도행전과 같은 특정한 책을 택하여 시리즈로 강해하므로 이러한 구분도 타당성을 갖지 못한다."

"설교는 죄를 지적하여 죄에서 돌아서는 결단을 하게 하며 하나님의 뜻을 전하여 믿고 따르도록 결단하게 하는 것이고, 성경교수는 지성에 호소하여 이해하게 하고, 마음으로 확신하게 하고, 삶에서 실천하게 하는 것이라고 할 수 있다. 이러한 구분은 그 목적이 영적 결단을 강조하느냐 아니면 삶에서의 실천을 강조하느냐를 기준으로 삼는다."

성경교수는 또한 성경본문 내용과 더불어 어떻게 현대인의 삶에 적용할 수 있는지를 가르치는 것이다. 성경교수는 재미있는 이야기 시간도 아니고 교사의 지식을 주입하는 시간도 아니고, 오직 하나님의 뜻을 드러내어 알게 하고, 이해하게 하고, 생활에서 실천하게 하는 시간이다.

주일학교 교사가 개발해야 할 내용의 핵심은 풍성한 성경지식이다. 성경지식이 풍성하다는 것은 양적인 면에서 많이 아는 것과 함께 철저하게 아는 것을 말한다. 이를 위해서는 몇 가지 면에서 준비를 해야 한다.

성경단어에 대한 지식이 풍부해야 한다

본문에 대한 풍성한 지식은 무엇보다 성경에 나오는 단어에 대한 지식에 근거한다. 그러므로 교사는 해당 성경구절에 나오는 단어들의 의미를 알고 있어야 한다.

성경배경에 대한 지식이 풍부해야 한다

해당 성경구절을 잘 이해하기 위해서는 배경에 대한 지식을 필요로 한다. 그 성경을 쓸 때의 시대적 배경이나 인물들에 대한 지식이 있을 때 본문내용을 더 잘 이해할 수 있다.

신학적인 지식이 풍부해야 한다

성경본문에 대한 깊은 이해는 신학적인 해석에서 온다. 탕자의 비유이야기를 단순히 방탕한 아들에 초점을 두지 않고 그 아들을 기다리는 아버지에 두게 하는 것은 신학적인 해석이다.

본문이 당시 사람들과 또한 현대인들에게 주는 의미를 알아야 한다

예수님의 교훈과 사도 바울의 선포와 가르침이 당시의 사람들에게는 어떠한 의미로 받아들여졌는지를 생각해야 할 뿐 아니라 오늘 우리들에게는 어떠한 의미로 다가오는지를 찾아내야 한다.

그러면 주일학교 교사들은 왜 성경내용들을 잘 알고 있어야 하는가? 왜 교수내용을 충분하게 준비해야 하는가? 하는 물음에 대한 답을 생각해보자.

성경의 정확한 의미를 찾기 위함이다

가르치는 내용에 대한 연구를 충분히 이해해야 정확하게 가르칠 수 있기 때문이다.

열정을 가지고 성경을 가르치기 위함이다

성경연구를 제대로 하지 않아 본문을 이해하지 못하면 가르치는 사람 자신이 확신을 잃어버리기 때문이다. 확신이 없이는 성경교수를 열정적으로 그리고 진지하게 이끌어 갈 수 없다.

복음을 올바로 전파하기 위함이다

성경의 의미를 올바로 파악하지 못하면 온전한 복음을 전할 수 없다. 온전한 복음을 전하기 위해서는 풍성한 성경지식이 필요하다.

풍성한 성경지식은 성경교사로 자원(自願)할 때 자연히 주어지는 것이 아니다. 풍성한 성경지식을 소유하기 위해서는 그에 맞는 대가를 지불해야 한다. 교사가 성경지식을 위하여 지불해야 할 대가는 :

성경연구에 시간을 바쳐야 한다

바쁜 생활가운데서도 시간을 바쳐 연구해야만 풍성한 성경지식을 가질 수 있다. 반학생들을 사랑하는 증거의 하나는 성경을 잘 연구하여 감화력이 있게 가르치는 것이다. 그들을 사랑한다면 그들에게 생명을 주는 귀한 복음을 잘 가르쳐야 한다.

교사 자신이 날마다 성장해야 한다

교사가 성장하는 것을 볼 때 반학생들도 영적 탐구를 위한 동기가 생기게 될 것이다.

자기개발의 수단 _ 귀납법적 성경연구

교사의 자기개발을 위한 다양한 수단 중에서 가장 중요한 것은 성경연구이다. 주일학교 교사들이 스스로 성경을 연구할 수 있는 방법의 하나인 귀납적 성경연구이다.

귀납법적 성경연구의 특징

이 귀납법적 성경연구가 가지고 있는 특징은 다음과 같다.

체계적이다 좋은 성경연구법은 항상 조직적이고 체계적이다. 체계적이고 조직적이지 못하고 자유분방한 논의는 비효율적이고 본질을 상실하고 논쟁점에만 초점을 두게 된다.

세밀한 해석을 한다 귀납법적 성경연구는 소그룹 성경연구와는 다르다. 귀납법적 성경연구는 연구자 마음대로 성경을 해석하는 것이 아니고 온전한 방법으로 본문의 의미를 찾아내고 성경본문을 벗어나지 않는다. 그리하여 본문의 단어들을 진지하고 조심스럽게 연구하며 성경저자가 전하고자 하는 중심사상을 찾아낸다.

과학적이다 과학자들은 먼저 관찰하고, 그 관찰에 근거하여 가설을 세우고, 후에 그것을 검증하기 위하여 실험을 한다. 귀납법적 성경연구도 이와 같은 과정을 거치는 과학적 방법이다. 즉, 본문을 주의 깊게 관찰하고, 그 관찰을 토대로 해석하고, 그 후에 해석의 타당성을 검증한다.

적용중심이다 귀납법적 성경연구는 학문적인 지적 훈련을 하는 것이 아니라 성경연구를 통하여 자신을 돌아보게 하고, 배운 것을 실천하는 방법을 배우게 한다.

과정과 결과 모두에 초점을 맞춘다 귀납법적 성경연구에서는 과정과 결과 모두가 중요하다. 소그룹 성경연구에서는 원리를 학습하고, 의문점을 해결하는 것을 중요한 목표로 생각하나 귀납법적 연구에서는 과정자체도 중요하게 생각한다. 연구할 때, 진지한 자세로 성경을 대하며 말씀과 성령의 능력에 의지한다.

귀납법적 성경연구의 단계
귀납법적 성경연구의 특징은 연구방법인데, 그 연구방법은 세 가지 곧 관찰, 해석, 적용의 단계로 구성되어있다.

관찰(서술)단계 이 단계에서는 본문이 말하는 것은 무엇인가? 나는 무엇을 보았는가에 대한 생각을 한다. 곧 본문이 말하고 있는 것을 발견하는 것이다. 이 단계는 과학자가 관찰하거나, 형사가 단서를 찾는 것에 비교할 수 있다. 귀납법은 '천재는 99%의 노력과 1%의 영감으로 이루어진다'는 격언에 기초하므로 때로는 관찰할 때 수많은 시간을 투자해야 할 때가 있다. 성경내용을 파악하는데 실패하는 이유 중의 하나는 이러한 주의 깊은 관찰을 하지 않기 때문이다.

해석단계 이 단계에서는 이것은 무엇을 의미하는가를 생각한다. 곧 본문의 의미가 무엇인지를 확인하는 것이다. 부분적인 의미만이 아니라 전체 본문과의 관계에서의 의미를 찾아내는 것이다. 예를 들면 마태복음 5:3의 "심령이 가난한 자는 복이 있나니"라는 구절의 의미는 심령이 가난하게 되어서 하나님 앞에서 자신의 죄인 된 모습을 깨달을 때 복이 있다는 의미를 찾아내는 것이다. 그리고 저자의 중심사상을 찾아내어 해석을 한다. 이러한 과정에는 두 단계가 있는데,

첫째, 본문이 원래의 수신자들에게 무엇을 의미했는가를 확인하는 것이다. 즉, 원래의 수신자에게 주는 저자의 메시지는 무엇인가를 찾는 것이다.

둘째, 본문이 현재 의미하는 것을 찾는 것이다. 즉, 본문이 현대 상황에 주는 메시지는 무엇인가를 찾는 것이다.

적용단계 이 단계에서는 본문의 진리를 어떻게 실천할 수 있는가? 즉, 어떻게 응답해야 하는가에 대한 연구이다. 성경연구는 실천가능하고 구체적일 때 가장 효과적이다. 곧 성경연구는 내용파악에서 실천적인 삶으로 옮겨가야 한다. 귀납법적 연구는 서로 본을 보여주는 것, 기도, 권면, 비판적 견해를 통하여 서로에게 힘을 주며, 본문을 각자의 생활에 어떻게 적용할지를 알게 하는 것이다.

3. 교사의 성경연구

주일학교 교사의 자기개발을 위한 수단은 크게 두 가지로 나눌 수 있다. 하나는 공과연구이고, 다른 하나는 성경연구이다. 그러므로 주일학교 교사들이 자기개발을 위하여 최우선적으로 해야 할 일은 가르치는 공과의 내용을 정확하고 분명하게 이해하는 일이다. 공과의 내용은 개인의 어떤 생각을 쓴 것이 아니다. 주일학교 공과는 성경 전체의 내용을 각 교단의 신학에 따라서 또한 신학을 보는 관점에 따라서 체계가 있고 조직적이며 일관성이 있게 짜놓은 교육목표와 교육과정에 따라 저술된 것이므로 대체로 그 교육과정에 따라 가르친다면 교단과 지(支)교회에서 바라는 성도들로 양육할 수 있다.

다른 하나는 성경연구이다. 주일학교 교사들은 성경연구를 통하여 성경에 대한 기본적인 이해를 추구할 뿐 아니라 공과를 잘 가르칠 수 있는 능력을 개발함으로써 반학생들로 하여금 말씀에 대한 사랑과 헌신을 갖게 하며 또한 말씀과의 교제를 통하여 영성을 회복하게 한다. 또한 성경연구는 주일학교 교사들로 하여금 성경에 대한 지식을 갖게 할 뿐 아니라 성경을 사랑하게 함으로서 헌신적인 교사가 되게 한다. 이제 주일학교 교사들이 가져야 할 기본적인 지식인 성경개요를 살펴보자.

구약성경의 개요

구약의 내용은 하나님에 관한 내용이다. 기독교의 하나님은 이방 신과 달라서 나무로 만들거나, 돌로 만든 신이 아니다. 구약의 하나님은 놀라운 능력을 가지신 살아계신 하나님이시며 사람들에게 관심을 가지고 계신 분이시다. 구약에서 하나님은 자신을 영원하고, 스스로 존재하시는 분으로 나타내신다. 하나님은 세상과 그 안에 있는 모든 것을 다 만드셨다. 인간을 지으시고 인간들로 하여금 생각하고, 느끼고, 행동하게 만드셨다. 하나님과 만족스러운 관계를 가지려는 열망을 갖도록 만드셨다.

아담이 죄를 지었을 때 멸망시키지 않으시고 자비하심으로 구원의 길을 주셨다. 사람의 죗값을 대신 감당하실 메시아를 주실 것을 약속하셨고, 하나님과의 관계를 회복할 길을 열어주셨다. 구약의 메시지는 참되고 살아계신 하나님과의 화평에 대한 갈망을 만족시킬 수 있음을 선포한다. 하나님과의 화평의 길은 메시아에 대한 믿음뿐이다. 이러한 구약은 다음과 같은 가치를 지니고 있다.

- 전체 성경의 기초를 제공한다. 신약은 구약의 기초 위에 서기 때문에 신약만으로는 불완전하다.
- 예수 그리스도에 대하여 말한다. 구약은 예수님이 세상에 오시는 목적을 말해준다.
- 그리스도에 대한 믿음의 기초를 제공한다. 기독교신앙은 구약에 뿌리를 두고 있다.
- 하나님을 지식으로, 체험으로, 삶을 통하여 알게 해준다.

구약 성경을 요약하면 다음과 같다. 구약을 기록한 기간은 1000년(1400-400BC)이며 기록한 저자의 수는 30명이다. 그 내용은 창조에서부터 바벨론 포로에서부터 돌아올 때까지의 역사를 기록한 것이며 다음과 같이 크게 세 영역으로 나눌 수 있다: 역사서, 시가서, 선지서. 이를 도표로 그리면 다음과 같다.

역 사 서		시 서	선 지 서	
5권	12권	5권	5권	12권
모세오경	역사서	시가서	대선지서	소선지서
창세기-신명기	여호수아-에스더	욥기-아가서	이사야-다니엘	호세아-말라기
이야기		회상	선포와 예언	

시 작	정착기	왕국시대	포로시대
B.C 1440	B.C 1050	B.C 586	B.C 400
창세기-신명기	욥기, 여호수아-룻기	사무엘상-역대하, 시편-예레미야, 호세아-스바냐, 에스라-에스더, 예레미야애가-다니엘	학개-말라기

구약은 다음과 같이 시대구분을 할 수 있다.

시작

구약은 시간이 시작되기 전의 이야기로 시작한다. 태초에는, 인간이 없었고, 동물, 나무, 꽃, 일월성신, 물, 빛이 없었다. 하나님만 계셨다. 구약은 무엇을 말하는가? 하나님에 대하여, 생명의 시작에 대하여, 악의 기원에 대하여, 메시아의 오심에 대한 예언, 거룩한 삶에 대하여, 감사와 찬양의 마음을 가짐에 대하여 말한다.

창세기는 네 가지의 사건과 네 명의 족장에 대한 기록이다.
- 네 가지 사건: 창조, 타락, 홍수, 그리고 바벨탑 사건
- 네 명의 족장: 아브라함, 이삭, 야곱, 그리고 요셉

마지막 족장인 요셉이 애굽으로 감으로써 그 때부터 이스라엘 백성이 430년간 애굽에서 거주하게 되었다. 하나님께서는 모세를 부르셔서 이스라엘 백성들을 출애굽 하게 하시고 홍해를 건너고 광야를 거쳐 가나안으로 향하게 하셨다. 광야를 지나는 동안 시내산에서 모세가 율법을 받고, 성막을 짓고, 가나안 앞에서 열두 명의 정탐꾼을 보냈으나 하나님의 인도하심에 대한 이스라엘의 불신으로 말미암아 40년간 광야에서 방황하게 되었다. 이 때 하나님은 경외의 대상이 되시고, 창조와 파괴의 능력이 되시며, 참으시는 분이셨으나 사랑과 공의, 세상에 관심을 가지시고, 섭리하시고, 역사에 간섭하시고, 시작하시고, 자기백성을 구하시고, 약속을 지키시는 분이

시기도 하였다.

정착기

광야를 거쳐 이스라엘 백성이 요단강 서편에 도착하였을 때 모세가 죽고 여호수아가 모세의 뒤를 이어 이스라엘 백성의 지도자가 되었다. 이스라엘 백성이 가나안 땅의 여리고 성을 무너뜨렸으나 아간의 죄로 말미암아 아이 성을 점령하는데 고난을 겪었다. 그러나 계속 가나안 땅을 정복하였다. 그 후에 여호수아가 죽고 사사들이 일어났다. 이때의 하나님은 언약을 지키시며, 자기백성을 지도하시고, 함께하시며, 세우신 지도자를 도와주시고, 이스라엘과 모든 민족들이 하나님을 알게 하셨다.

왕국 시대

정착기 말에 이스라엘은 영적으로 매우 연약하여졌다. 하나님께 왕을 세워주실 것을 요구하여 처음 왕으로 사울이 40년간 이스라엘을 다스렸고, 계속하여 다윗 왕이 40년, 그리고 솔로몬이 40년을 통치하였으나 그 솔로몬의 자녀대(代)에 이르러 이스라엘은 남북으로 갈라졌다. 여로보암은 북 왕국 이스라엘을 세웠는데 주전 932-722년 사이에 지속하였고, 르호보암은 남왕국 유다를 세웠는데 주전 932-586년 사이에 지속하였으며 이 기간에 하나님께서는 많은 선지자를 세우셨다. 이때의 하나님은 사람을 외모로 취하지 않으시며(삼상 16:7), 나중 된 자를 먼저 되게 하시고, 예물보다 중심을 보시고, 은혜를 베푸시며 목적을 위하여 악한 자도 사용하셨다(삼상 16:-31:).

포로시대

북 이스라엘과 남 유다가 바벨론과 앗수르로 포로가 되어 갔다가 스룹바벨과 함께 42,360명이 귀환하고 50년 후 다시 느헤미야의 인도로 이스라엘 백성이 귀환하였다. 이때의 하나님은 자기 백성을 보호하시며, 목적을 위하여 모든 백성을 포로가 되게 하시며, 권력자의 생각을 지도하시며, 필요한 것을 채워주시며, 언약을 지키시며, 모든 것 중에 뛰어난 분이셨다.

신약성경의 개요

신약은 구약을 이어서 메시아의 오심에서부터 그의 교훈, 고난, 죽으심, 부활, 승천, 그리고 재림에 대한 내용으로 구성되어 있다.

신약에서 새로운 것:
- 새언약: 마 26:28, 고후 3:6, 히 9:15
- 새계명: 요 13:34, 요일 2:7-8
- 새창조: 고후 5:17, 갈 6:15
- 새생명(성령안에서): 롬 6:4, 7:6
- 새하늘과 새땅: 벧후 3:13, 계 21:1
- 새이름: 계 2:17, 3:12
- 새노래: 계 5:9, 14:3

신약의 배경

말리기 이후 400년간은 침묵기이다. 그 후 갑자기 하나님은 첫째, 예수 그리스도의 오심을 통하여 둘째, 신약의 저작을 통하여 자신을 나타내셨다. 예수 그리스도의 오심과 신약의 배경을 이해하기 위하여 당시의 배경을 살펴보자.

로마의 세계

1세기 당시 로마는 유럽, 중동, 아프리카를 지배하고 있었고 주전 폼페이

장군이 팔레스타인을 정복하였다. 무거운 세금 등 문제도 많았으나 로마통치가 가져다 준 유익도 있었는데 그 내용은 :
- 평화: 신약시대에 세계는 평화스러웠다
- 통치: 황제의 권위로 총독들이 통치를 할 수 있었다.
- 여행의 자유: 세계가 평화스러웠으므로 사람들이 여러 나라를 자유롭게 다닐 수 있었다.
- 정보의 원활한 소통: 그 당시까지의 시대 중에서 가장 정보소통이 원활하였다.

헬라의 영향

당시 헬라 왕국이 몰락하기는 하였으나 그 영향은 지속되었다. 특히 알렉산더 대왕의 정복으로 헬라어는 세계의 주된 언어가 되었다. 로마는 헬라어를 그대로 사용하게 하였다. 그래서 복음의 전파를 쉽게 하였고, 신약도 헬라어로 쓰여서 많은 사람이 읽을 수 있게 되었다.

유대배경

유대적 배경이 중요한 이유는 기독교가 유대적 환경에서 탄생하였고, 구약을 통하여 하나님의 선택을 받은 백성에 뿌리를 두고 있기 때문이다. 유대는 총독이 통치하였고, 그는 산헤드린(70명의 대제사장으로 구성됨)을 통하여 통치하였다. 이스라엘의 종교생활의 중심은 성전과 회당이었으며 당시 유대인에는 다섯 개의 당파가 있었는데 그것들은 다음과 같다:
- 바리새파: 주전 2세기 율법주의자들로부터 기원한다. 이들은 천사, 영생, 부활, 하나님의 섭리를 믿었고, 예수님 당시에는 헬라의 영향에 강하게 대항하였으며 회당을 중심으로 하였다.
- 사두개파: 바리새파에 대항한 당파이다. 이들은 율법을 강조하나 구전은 거부하였으며, 그들은 헬라 문화를 좋아하였고, 부활, 영생, 천사의 존

재를 부인하고 자유의지를 따랐으며 성전을 중심으로 하였다.
- 엣센파: 이들은 극단적인 분리주의자로서 사막의 쿰란 동굴에서 세속과 멀리하며 살았다.
- 헤롯파: 팔레스타인에서의 로마의 통치를 지지하였으며 그들의 목표는 오로지 헤롯가(家)의 권력을 유지하는 것이었다.
- 열심당(셀롯): 유대 애국자들은 게릴라 형식으로 로마의 통치에 저항하였으며 마사다가 함락될 때 항복하지 않은 960명이 자살하였다.

신약의 내용분해

신약은 50여년에 걸쳐 저술(주후 45-95) 되었으며 그 저자는 8명인데 그들은 마태, 마가, 누가, 요한, 베드로, 바울, 야고보, 유다 등이다. 그 시대적 배경이 되는 1세기는 매우 중요한 시대였다. 이 시기에 예수님께서 탄생하시고, 사역하시고, 십자가에 못 박히시고, 부활과 승천을 하셨기 때문이다.

복음서는 예수님의 생애, 교훈과 사역을 기록하고 있고, 사도행전은 초대교회에 나타난 성령의 역사와 베드로와 바울을 통한 복음의 전파와 교회의 설립에 대한 역사를 보여준다. 그리고 서신서는 기독교 신앙과 실천에 대한 편지들인데 이에는 바울서신과 공동서신이 있다. 그리고 계시록은 마지막 때에 대한 환상을 기록하고 있다.

4. 교사와 성령

주일학교에서 교사가 사역하기 위해서는 성령의 도움이 필요하다. 교사 자신의 영적 준비에서만 아니라 가르치는 현장에서의 능력을 위해서도 성령의 도우심이 필요하다. 성령께서 교사의 가르치는 현장에 깊이 관여함에 있어 성령의 역할을 왜곡하는 견해에 두 가지가 있다.

첫째, 성령의 역할을 과소평가하고 그리스도인의 성숙을 자연적 과정으로만 간주하는 것이다. 둘째, 하나님께서 특별한 방법으로 간섭하시기를 원하는 것이다.

주일학교 교사가 성경교수를 위하여 준비할 때 성령께서 어떤 역할을 하시는가? 성령은 교수-학습과정에서 어떤 역할을 하시는가? 교사로서 가르침에서의 성령의 역할을 이해하는가, 아니면 설명할 수 없는 신비한 경험으로 간주하는가? 교수-학습과정에서 성령이 가장 중요한 분이심을 부정하지 못하므로 교사는 하나님의 인도하심을 필요로 한다. 반학생들도 성경의 진리를 이해하고 적용하는데 성령의 도움을 필요로 한다. 성경교수는 영적 필요를 충족시키는 영적 사역이므로 영적 능력을 필요로 한다. 그러면 영적 능력이 되는 성령의 본질에 대하여 살펴보자.

성령의 본질

성경에서는 성령의 명칭으로 36개를 사용한다. 이러한 성령은 성경을 가르치는 주일학교 교사들에게 능력을 주신다. 교사들의 가르침과 관련하여 어떤 이름이 사용되는지 살펴보자.

진리의 영

예수님은 성령을 '진리의 영'이라고 세 번 말씀하셨다(요 14:17, 15:26, 16:13). 곧 성령은 진리의 근원이며, 진리의 계시자며, 하나님의 진리인 말씀을 주관적으로 적용하는 진리의 적용자가 되신다(요 17:17). 주일학교 교사는 진리인 예수님의 말씀을 반학생들에게 가르치지만 진리의 영이신 성령만이 그 진리를 그들의 마음속에 심어주고 역사하도록 하실 수 있다.

보혜사

요한복음에서는 '진리의 영'과 함께 '돕는 자'라는 의미를 가진 '보혜사'란 이름이 네 번 사용되었다(요 14:16, 26; 15:26; 16:7). 성령을 '돕는 자'라고 하는 것은 첫째, 아들의 요청으로 아버지께서 성령을 보내셨으며, 둘째, 성령은 믿는 자들에게 모든 것을 가르치시며, 셋째, 성령은 믿는 자들에게 예수님의 가르침을 깨닫게 하시며, 넷째, 그리스도에 대해 증거하신다는 뜻을 내포하고 있다. 이를 볼 때 학습자는 성령의 도우심이 없으면 성경을 이해할 수도 없고, 깨달을 수도 없는 것이다.

지혜와 계시의 영

바울은 에베소 성도들에게 "우리 주 예수 그리스도의 하나님, 영광의 아버지께서 지혜와 계시의 정신을 너희에게 주사 하나님을 알게 하시고"(1:17)라고 하였다. 이미 성도들에게는 성령이 내주(內住)하시지만 바울이 이렇게 기도하는 것은 성령께서 에베소 성도들에게 크게 역사하셔서 이러한 은혜가 넘치게 되기를 소원함이었다. 성령은 주일학교 교사의 가르침 가운데 역사하심으로 반학생들이 지혜롭고 총명하게 되도록 해주신다.

지식과 두려움의 영

잠언 1: 7에서는 "여호와를 경외하는 것이 지식의 근본"이라고 하고 이사야서(書)에서는 성령을 "지식과 두려움의 영"(11:2)으로 말한 것은 여호와를 경외하는 것이 지식의 근본일 뿐 아니라 결과임을 보여주는 것이다. 성령께서는 주일학교 교사들에게 이러한 지식과 두려움의 영을 주셔서 하나님의 말씀을 반학생들에게 효과적으로 잘 가르칠 수 있도록 무장시켜 주신다.

능력의 영

능력의 영이란 좋은 계획과 지식을 가르칠 수 있는 힘을 말한다. 그러므로 성령은 주일학교 교사들이 성경교수 준비를 잘 할 수 있도록 역사하실 뿐 아니라 가르칠 때도 역사하셔서 잘 가르칠 수 있게 해주시는 분이심을 의미한다.

그러면 교사들의 가르치는 사역에서 성령교사가 필요한 이유를 생각해보자.

첫째는, 성령만이 교사들로 하여금 효과적으로 가르칠 수 있도록 지혜와 능력을 주시기 때문이다. 둘째는, 성령께서는 교사들의 가르침이 지식전수만이 아니라 반학생들에게 근본적인 변화를 가져오도록 만들기 때문이다. 인간교사가 가르치는 진리에 대한 지식은 반학생의 내면에 지식으로는 남는다. 그러나 그 지식이 반학생에게 정서적, 의지적, 영적인 변화를 일으키지는 못한다. 성경을 안다고 다 주님을 믿는 것은 아닌 것과 마찬가지다(요 10:25). 도덕과 윤리를 배웠다고 하더라도 도덕적이고 윤리적인 사람이 되는 것은 아니다. 오직 성령이 심령을 새롭게 할 때(시 19:7) 변화의 역사가 일어난다. 그러므로 성령교사가 필요하다.

이러한 성령 하나님께서 사역을 하실 때의 방법으로는 첫째, '교훈' 하신다. 요한복음 14:26에 "보혜사 곧 아버지께서 내 이름으로 보내실 성령 그가 너희에게 모든 것을 가르치시고 …"라고 하실 때의 '가르치다' 는 교훈하고, 설교하고, 진리를 설명해 준다는 의미이다. 또한 여기에서 성령의 가르치시는 내용에 관해서는 '모든 것' 이라 말한다. '모든 것' 은 과학적이며 보편적인 것에 관한 다양한 지식을 말하는 것이 아니라, '하나님을 알거나 인생을 지도하는데 꼭 필요한 영적 진리의 영역에 속하는 것들' 을 의미한다.

위의 구절에서 가르치시는 대상을 말할 때 '너희에게' 라고 한다. 여기의 '너희' 는 예수님과 함께하였던 몇 제자들만이 아니라 모든 교사를 가르친다. 그 이유는 성령께서는 모든 교사들 속에 거주하시기 때문이다(롬 8:9, 고후 1:22, 요3:24).

둘째, 생각나게 하신다. 요한복음 14:26에 "보혜사 곧 아버지께서 내 이름으로 보내실 성령 그가 너희에게 모든 것을 가르치시고 내가 너희에게 말한 모든 것을 생각나게 하시리라" 하셨는데 이는 그리스도께서 승천하신 다음 성령이 제자들의 마음을 움직이셔서 주님께서 가르치시고 말씀하신 것을 생각나게 하신다는 뜻이다. 여기에서도 생각나게 하시는 내용은 "내가 너희에게 말한 모든 것"이라고 하심으로써 주님의 말씀 중 어떤 것은 이미 잊어버렸고 어떤 것은 이해하지 못한 것도 있었으나(막 9:32, 요 2:22, 12:16) 영감으로 생각나게 하심으로써 제자들이 기록한 성경에는 오류가 없음을 말해준다.

셋째, 인도하신다. 요한복음 16:13 상반절의 "그러하나 진리의 성령이 오시면 그가 너희를 모든 진리 가운데로 인도하시리니 ⋯"라는 말씀에서 성령의 인도하시는 사역을 말하고 있다. 여기에서 '인도한다'는 의미는 여행에서 안내자의 역할과 같다. 이 당시 제자들은 그들을 진리로 인도해줄 성령을 필요로 하고 있었다. 이 구절에서도 가르치시는 내용은 위에서와 마찬가지로 "모든 진리"로 인도하심을 말함으로써 성령은 교사들의 모든 삶 가운데 역사하심을 보여준다.

넷째, 알려주시는 방법으로 역사하신다. 요한복음 16:13-14에는 "장래 일을 너희에게 알리시리라"와 "그가 내 것을 가지고 너희에게 알리겠음이니라"에서 '알리다'라는 동사가 두 번 나타난다. 알려주시는 내용인 '장래 일'은 그리스도의 재림 때에 나타날 미래의 사건들에 대한 예언이라 하기도 하고 가까운 장래에 일어날 일을 의미한다고도 한다. 이와 마찬가지로 성령께서는 현대의 교사들에게 알려주시는 일을 하신다.

다섯째, 계시하신다. 성령은 하나님의 본질을 깊이 아시기 때문에 하나님의 일을 인간에게 계시하실 수 있다. 그러므로 교사들은 자기가 받은 성령의 계시에 의하여 하나님을 알 수 있다. 성령은 '그를 사랑하는 자들에게' 하나님과 그의 진리를 계시하신다. 계시하시는 내용에 대해서는 "하나님이 자기를 사랑하는 자들을 위하여 예비하신 모든 것"(고전 2:9-10), "하나님께서 예비하신 것들"(고전 2:9), "하나님의 깊은 것"(2:10), "하나님께서 우리에게 은혜로 주신 것들"(2:12), "하나님의 성령의 일"(2:14) 곧, 눈으로 보지 못하고 귀로도 듣지 못하고 사람의 마음으로도 생각지 못하는 것들이다.

이러한 성령의 사역을 생각해 볼 때 그리스도인 교사들의 가르치는 사역이 능력이 있기 위해서는 성령이 필요함을 볼 수 있다.

성령의 가르치는 사역

하나님의 말씀이 전해지고, 교사가 중생한 사람이라고 해서 주일학교 교육이 제대로 시행될 수 있는 것이 아니라 교사의 사역에는 성령의 역사가 필요하다. 잘 준비된 내용, 잘 준비된 교사가 있다고 하더라도 성령의 역사가 없으면 그 가르침은 효과적이지도 효율적이지도 않게 된다. 머레이(Andrew Murray)는 "성경공부가 성도들의 삶에 영향을 끼치지 못하는 이유는 성령을 통해 계시되고 가르쳐지지 않았기 때문이다"라고 하였고 다른 학자는 "현대 주일학교는 신령한 요소들을 소홀히 하고 꽉 짜진 계획, 방법론, 프로그램의 노예이다. 신령한 열기와 열정이 빠져 있다. 따라서 그리스도인의 삶에 영적 활력을 불어넣는데 실패하고 있다"고도 하였다.

왜 교사의 가르치는 사역에 성령의 역사가 그렇게 중요한가?

첫째, 중생한 교육자가 하나님의 도구로 쓰임을 받기 위해서는 성령의 역사가 필요하기 때문이다. 구원받았다 하여 다 하나님의 도구가 되어 쓰임을 받는 것이 아니라 성령의 도움이 필요하다. 교사가 자신을 비울 때 성령께서 역사하시는 영적인 교사가 될 수 있다.

둘째, 하나님의 말씀과 성령은 함께 역사하기 때문이다. 곧 "그리스도인의 마음속에 있는 말씀이 행동으로 나타나기 위해서는 성령의 역사가 있어야 한다" 데살로니가전서 2:13은 " … 이 말씀이 또한 너희 믿는 자 속에서 역사하느니라"고 말한다. 곧 말씀의 능력을 말하는데 이 말씀은 성령과 함께 역사한다.

곧 성령은 역사하셔서 반학생들로 하여금 주일학교 교사가 가르치는 진리를 받아들이게 하시고(엡 1:17-18 "계시의 정신을 주사 하나님을 알게 하시고, 너희 마음눈을 밝히사 …"), 구원을 얻게 하시고(살후 2:13 "성령의 거룩하게 하심과 진리를 믿음으로 구원을 얻게 하심이니"), 기억나게 하신다(요 14:26 "성령 그가 너희에게 모든 것을 가르치시고 내가 너희에게 말한 모든 것을 생각나게 하시리라"). 그리피스(Thomas Griffith)가 "기독교교육에서 분리할 수 없는 요소가 세 가지 있다. 권능을 가진 성령, 메시지를 전달하는 하나님의 말씀, 도구로 쓰임을 받는 하나님의 사람(주일학교 교사)이다"라고 한 말처럼 주일학교 교육에는 성령이 영적인 영향력을 가진다.

교사와 성령

주일학교 사역에서 성령과 교사는 어떤 관계인가? 주일학교 교육은 하나님과 동역(同役) 하는 교사의 사역이다. 이 말은 주일학교교육의 주된 사역자는 성령 하나님이시고, 보조사역자는 인간교사임을 말하는 것이다. 이러한 동역에서 성령은 첫째, 교사에게 지시하시고 능력과 조명 그리고 통찰력을 제공하시고, 둘째, 교사를 채워주시고 통제하시기를 원하시며, 셋째, 교사가 가르칠 때 반학생들을 깨우쳐 진리를 소유할 수 있게 하시며, 넷째, 반학생들이 말씀을 개인적으로 소유하도록 권면하신다.

반면에 인간교사는 첫째, 진리를 연구하고 가장 효과적인 방법을 연마하여 가르치며, 둘째, 자신에게 주어진 반학생들을 이해하고 그들에게 적당한 교육과정을 수립하고, 셋째, 성령님께 의존하며 창조적이고 효과적으로 가르치려고 노력하며 모범을 보일 뿐 아니라 넷째, 반학생들로 하여금 배운 진리를 자신들에게 적용시킬 수 있도록 도와주는 일을 한다.

이러한 가르침의 사역에서 성령 하나님과 교사의 관계에 대하여 바울이 말하기를 그리스도인 교사는 가르칠 때 단지 인간의 말과 지혜의 권함으로만 아니라 성령님의 능력으로 전한다고 하였다(고전 2:1,4). 반학생들을 가르칠 때 그리스도인 교사(고전 2:12)가 하나님의 지혜의 말씀을 전하기는 하지만 성령께서 그들로 하여금 하나님의 말씀을 이해하도록 역사하셔야 참다운 가르침이 일어날 수 있다. 성령은 교사에게 역사하셔서(고전 2:16) 하나님의 방법을 알 수 있는 통찰력을 갖도록 하실 뿐 아니라 인간교사와 연합하여 가르치는 사역에 힘을 더하여 주신다.

그리스도인 교사들 중에는 성령에게 지나치게 의존하는 사람들이 있다. 극단적으로는 성령께서 직접 역사하시기 때문에 인간교사들은 필요가 없다고 말하는 사람들도 있다. 이러한 극단적인 경향은 신비주의로 흐르게 한다. 신비주의자들은 인간적인 노력은 잘못된 것으로 여길 뿐 아니라 영성의 적(敵)으로 간주한다. 그리스도인 교사는 성령에 의지해야 하지만 사람의 노력도 부인해서는 안 된다. 왜냐하면, 예수님께서는 복음사역을 위하여 사람들을 부르셨고 사용하셨다. 예수님께서는 대위임령에서 복음을 전하는 일을 제자들에게 위탁하셨다. 그리고 제자들은 "예루살렘과 온 유대와 사마리아와 땅 끝까지" 복음을 전파하는 증인으로 쓰임을 받았다.

곧 복음전파의 원동력은 성령이지만 그 수단은 사람이었다. 사도행전을 통하여 나타나는 복음의 전파와 교회의 설립은 제자들을 매개로 하여 성취된 것이다. 바울은 자신만이 복음을 전한 것이 아니라 디모데를 가르쳐 목회자로 세웠으며, 그로 하여금 사람들을 가르치게 하셨고, 또한 그들로 하여금 또 '다른 사람들을 가르칠 수 있도록' 가르칠 것을 부탁하였다(딤후 2:2).

가르치는 사역에서 인간교사를 제외하고 성령만을 강조하는 것은 성경의 가르침 특히 성령의 은사에 대한 가르침과도 어긋난다. 성경에는 은사장(恩賜章)이라 불리는 부분들이 있다. 하나님께서 가르치는 은사를 사람들에게 주셨다는 것은 가르치는 사역에 성령의 역사만이 아니라 사람들의 노력도 필요함을 보여주는 것이다. 그러므로 가르치는 사역에서 인간교사를 제외한다는 것은 비성경적이다.

이와는 반대로, 가르치는 사역에 성령은 전혀 필요하지 않다고 강조하는 사람들도 있는데 이것도 성경의 가르침과는 다른 것이다. 이러한 생각은 교육의 이론과 실제, 방법과 자료, 교육과정과 시설들의 준비에만 의존하고 성령을 의존하는 것을 무시하는 것인데 이러한 교육을 명목상으로는 주일학교 교육이라 할 수 있으나 실제로는 주일학교 교육이 아니다.

이렇게 성령의 사역을 무시하는 것은 가르치는 방법과 목적을 혼동함에서 나온다. 방법에 대한 연구는 가르치는 내용의 전달에 활력을 더해주고, 더 좋은 결과를 얻게 할 수 있다. 그러나 주일학교 교육의 내용은 인지적인 내용만이 아니라 영적인 내용을 가지고 있어서 성령의 사역이 없이는 영적인 내용인 영성이 전달될 수 없을 뿐 아니라 인지적인 내용도 효과적으로 전달될 수가 없다.

그러므로 그리스도인이 성경지식을 가지고 있다고 해서 누구나 주일학교 교사가 될 수 있는 것은 아니다. 주일학교 교사가 되기 위해서는 스스로 최선을 다하여 교사로서의 자질을 향상시킬 뿐 아니라 동시에 성령을 의지하는 교사가 되어야 한다. 그렇게 해야 참된 진리를 가르칠 수가 있다. 그는 반학생들이 가르치는 내용을 무비판적으로 수용하도록 강요하지 않는다. 학습자들로 하여금 탐구적이고 분석적인 사고를 갖게 할 뿐 아니라 모든 진리는 하나님의 진리임을 깨닫도록 가르친다.

이러한 가르침을 위하여 교사가 기독교세계관을 정립함으로써 바른 교육내용과 방법을 선택할 수 있는 분별력을 필요로 한다. 이를 위하여 교사는 헌신적인 자세를 가져야 한다. 이단(異端)에 속해있는 사람들 중에 일부는 매우 헌신적이며 열정적이다. 그들의 교리는 무너뜨려야 하지만 그들의 열정만은 습관적인 사역에 젖어 나태해진 주일학교 교사들이 본받아야 할 것이다. 이단은 사람들을 속박하기 위하여 잘못된 교리를 주입하지만 주일학교 교사는 사람들로 하여금 참된 자유를 누리도록 복음에 근거한 참된 교리를 가르쳐야 한다.

참 자유는 동물적인 본성에서 벗어날 때만이 아니라 죄의 속박에서 벗어날 때 누릴 수 있다. 참 자유는 참된 법에 순종할 때 얻을 수 있다. 축구선수가 자유롭게 축구장을 뛰기 위해서는 축구경기 규칙을 지켜야 한다. 마찬가지로 주일학교 교사들이 참 자유를 누리기 위해서는 진리를 알아야 한다. 예수님께서는 "진리를 알지니 진리가 너희를 자유케 하리라 (요 8:32)"고 하셨다. 진리 안에서 참된 자유를 누리는 교사만이 반학생들에게 참된 자유를 가르칠 수 있다.

✤ 학습 문제

1. 교사의 본질이 무엇인지 설명하시오.

2. 주일학교 교사의 자격에 대하여 설명하시오.

3. 교회는 어떤 교사를 원하는지 설명하시오.

4. 학생들에게 필요한 교사는 어떤 사람인지 설명하시오.

5. 교사가 풍부한 성경지식을 갖기 위해 준비해야 할 것을 설명하시오.

6. 교사들이 교수내용을 충분하게 준비해야 하는 이유를 설명하시오.

7. 주일학교 교사의 자기개발을 위한 수단에 대하여 설명하시오.

8. 교사의 가르치는 사역에 있어 성령의 역사가 중요한 이유를 설명하시오.

9. 주일학교 사역에서 성령과 교사의 관계를 설명하시오.

 7장

반목회

1. 서론

목회자가 성도들에게 말씀을 선포하고, 가르치고, 상담을 하고, 돌보는 것이 목회이다. 이 때 목회자는 한 교회를 맡아 설교, 성경공부, 심방, 행정 그리고 교육을 통하여 목회를 한다. 이러한 목회자의 목회 중의 한 부분이 교육목회이다. 교육목회의 핵심부서는 주일학교이다. 주일학교에는 영아부, 유아부, 유치부, 유년부, 초등부, 중등부, 고등부, 대학부, 청년부, 장년부, 노년부 등의 부서가 포함된다.

그리고 각 부서에는 부서의 교육을 담당하는 목사 혹은 전도사가 있어서 말씀을 전하고, 성경공부를 인도하고, 기도회를 인도하고, 특별활동을 인도한다. 특히 영아부에서 청년부에 이르는 주일학교는 전체를 여러 그룹으로 세분화한 반(班)으로 구성되어 있다. 대부분의 교회가 반편성을 하지만 각 반학생이 전도하면 새로운 신입생의 나이나 남녀성별 구별이 없이 전도한 반학생의 반으로 데리고 가는 제도를 택하는 교회는 몇 되지 않는다. 대부분의 교회는 나이와 성별에 따라 반을 나누고 각 반에는 담임교사가 임명되어 일 년 동안 혹은 주어진 기간 동안 자신의 반학생들을 돌아본다.

각 반의 교사들이 하는 사역은 성경공부시간 혹은 분반공부시간에 반학생들에게 첫째, 성경을 가르치는 일을 하고, 둘째, 그들의 신앙성장을 지도하며, 셋째, 그들이 그리스도인의 삶을 살도록 인도하는데 이러한 사역을 통칭(統稱)하여 반목회(班牧會)라고 한다.

바울 사도는 에베소 성도들에게 보낸 편지 중에서 하나님께서 '목사인 교사'를 비롯한 교회 직분자들에게 주신 사역은 첫째, 성도를 온전케 하며 둘째, 봉사의 일을 하게하며 셋째, 그리스도의 몸을 세우려 하심이라(4:12)고 하셨다. 이는 교회의 성도 전체를 대상으로 하는 목회이다. 그러나 교회가 성장해감에 따라 '목사인 교사'는 교회의 모든 목회사역을 혼자서 할 수가 없다. 그래서 교회의 형편에 따라 목사를 돕는 사역자들을 둔다.

이러한 사역자들 중에 교육목사와 교육전도사가 있으며 이들을 교육담당 목회자 혹은 교육담당 교역자라고도 한다. 이들 교육담당 교역자들도 주일학교의 형편에 따라 다시 세분하여 여러 반을 둔다. 각 반에는 담당교사가 임명되어 돌보게 하는데 이렇게 반을 돌아보는 교사의 일을 반목회라고 한다.

이러한 반목회를 하는 주일학교 교사는 예수님께서 제자를 삼기 위하여 사람들에게 "나를 따라 오너라 내가 너희로 사람을 낚는 어부가 되게 하리라 하시니 저희가 곧 그물을 버려두고 좇은"(마 4:19-20) 제자들처럼 주님의 부르심에 순종하고 응답한 사람들이다. 예수님께서는 공생애 3년 동안 부르신 제자들을 가르치시고 훈련하셔서 헌신자로 세우셔서 "가서 모든 족속으로 제자를 삼아 아버지와 아들과 성령의 이름으로 세례를 주고, 내가 너희에게 분부한 모든 것을 가르쳐 지키게 하라"(마 28:19-20)고 하신 주님의 대위임령(大委任領)을 수행하게 하셨다.

초대교회가 오순절에 성령의 충만함을 받은 제자들이 예수 그리스도의 태어나심에 대한 예언과 생애, 교훈, 고난, 십자가에 죽으심, 장사됨, 사흘 만에 부활, 승천, 그리고 재림을 증거할 때 많은 사람들이 회개하고 중생함을 얻고 주님에게로 돌아왔다. 그들이 예수님을 전할 때 또한 이적이 함께 나타남으로 말미암아 교회가 크게 부흥하게 되었다.

초대 예루살렘 교회에 제자들이 많아져서 사도들이 모든 일을 감당할 수 없게 되었을 때 하나님께서는 직분자들을 세워주셨다: "너희 가운데서 성령과 지혜가 충만하여 칭찬 듣는 사람 일곱을 택하라 우리가 이 일을 저희에게 맡기고, 우리는 기도하는 것과 말씀 전하는 것을 전무하리라 하니, 온 무리가 이 말을 기뻐하여 믿음과 성령이 충만한 사람 스데반과 또 빌립과 브로고로와 니가노르와 디몬과 바메나와 유대교에 입교한 안디옥 사람 니골라를 택하여, 사도들 앞에 세우니 사도들이 기도하고 그들에게 안수하니라"(행 6:3-6).

또한 교회와 믿는 자들을 핍박하던 사울을 부르시고 회심하게 하시고 이방인을 위한 사도로 세우셔서 소아시아와 마게도냐 여러 지역에 복음을 전하게 하시고 교회들을 세우게 하셨다. 이러한 초대교회를 위하여 하나님께서는 직분자들을 세워주셨다(엡 4:11).

마찬가지로 주일학교를 위하여 하나님께서 교사를 세워주셨다. 주일학교가 부흥할 때 교회가 부흥하는 것과 마찬가지로 주일학교의 각 반이 부흥해야 주일학교 전체가 부흥할 수 있다. 각반의 부흥을 위하여 아래에서는 반목회의 본질, 목표, 내용, 그리고 수단에 대하여 살펴보려고 한다.

2. 반목회의 본질

반목회의 본질을 파악하기 위한 한 가지 방법은 현재 주일학교 교사로 헌신하고 있는 교사들이 갖고 있는 자신들의 사역에 대한 생각을 살펴보는 것이다. 현재 주일학교에서 헌신하고 있는 교사들이 생각하는 주일학교 교사관(教師觀)은 다음과 같다.

주일학교 교사관

주일학교 교사는 가정에서 부모가 하는 역할을 한다
교사들은 영적인 어머니와 아버지와 같은 존재로 간주된다. 교사들은 성경을 가르치고, 교훈하고, 생활을 돌보고 보호함으로 영적 부모의 역할을 한다.

주일학교 교사는 반학생들의 영성을 일깨우고 이끌어 가는 사람이다
교사들은 직접적으로는 말과 행동을 통하여 간접적으로는 그들과의 관계를 통하여 그리고 모본을 통하여 반학생들의 영성을 일깨워주는 사람이다. 이러한 사역들을 통하여 주일학교 교사들은 반학생들이 주님을 알아가게 할 뿐 아니라 그들의 신앙생활에 큰 영향을 끼친다.

주일학교 교사는 맡은 책임을 끝낸 후에도 오랫동안 반학생들과의 관계를 통하여 그들의 삶을 인도하는 사람이다
어떤 교사와 반학생들은 주어진 기간 동안의 가르치는 책임을 다한 후에 헤어졌다가 뜻밖의 모임에서 만남으로 새롭게 관계가 시작되기도 하고, 어떤 사람은 어릴 때의 관계를 시작으로 서로 간에 방문, 전화, 서신교환 등을 통하여 일생 동안 지속하기도 한다.

이러한 교사에 대한 생각을 기초로 하여 반목회의 본질을 말한다면, 첫째, 부모와 같은 마음과 관심을 가지고, 둘째, 자기에게 맡겨진 반학생들에게 성경을 가르치고, 셋째, 삶에서의 모본을 통하여 반학생들의 신앙이 성숙해지도록 인도하며, 지도하는 사역이다.

주일학교에서의 가르침에 대한 은유를 찾아보면 반목회의 본질에 대하여 좀 더 명확히 이해하는데 도움이 될 것이다. 가르침의 역할이란 첫째, 부모의 역할과 같다. 부모로서의 역할은 반학생들과 주일학교 학급 내에서의 관계만이 아니다. 반학생들은 주일학교 교사에게 영적인 자녀가 되는 것이다. 가정에서 부모가 자녀를 위하여 가능한 모든 것을 희생하듯이 성경을 가르치는 주일학교 교사도 반학생들에게 나누어 줄 수 있는 모든 것을 다 나누어준다. 이러한 나눔의 사역도 억지로 하는 것이 아니라 기꺼이 한다. 이러한 관계의 측면만이 아니라 특수한 책임도 갖는다. 곧 질문하는 말에 대한 대답이나, 위로나 격려의 말을 하며, 가치판단에 있어서 반학생들의 모범이 되며, 말씀공부와 기도모임을 통하여 직접 신앙교육을 한다. 이러한 사역에 있어서 교사들은 그들의 지식, 경험 그리고 신앙으로부터 가르치는 내용, 방법, 권위를 갖는다.

둘째, 가르침은 친구 사이에서 대화하는 것과 같다. 곧 가르침은 일방적인 것이 아니라 쌍방적인 것이 되어야 한다. 이러한 가르침은 좋은 친구들 간에 나누는 친밀한 대화와 같은 형태를 지니고 또한 친구들 간에 친밀한 교제를 유지하는 것과 같다. 이러한 친밀한 대화와 교제를 유지하기 위해서는 친구들 사이에서의 '나눔'이나 '대화'가 어떤 것인가를 생각해 보아야 한다. 반목회의 실천방법은 마치 '대화'를 이끌어가는 방법과 같고 그 내용은 '사적(私的)'인 이야기들과 같다. 곧 가르침은 교사의 일방적인 활동이 아니라 반학생 전체와 교사가 함께 하는 교육활동이다.

셋째, 가르침은 제자를 삼는 것과 같다. 주일학교 교사는 모든 사람에게 복음을 가르쳐 지키게 하여 주님의 제자로 삼으라고 예수님의 부름을 받은 사람이다. 곧 교사는 디모데후서 2:2에서 바울이 "또 네가 많은 증인 앞에서 내게 들은 바를 충성된 사람들에게 부탁하라 저희가 또 다른 사람들을 가르칠 수 있으리라"고 말한 것을 실천하는 사람이다. 반목회를 하는 교사는 자신의 반학생들을 예수님의 제자로 만드는 사역을 하는 사람이다. 이를 다르게 표현하자면 반목회는 반학생들을 예수님의 제자 삼으라고 하나님께서 교사에게 주신 일이고, 책임이며 그리고 사역이다. 반목회는 반학생과 교사 모두에게 하나님께서 주신 임무이다.

넷째, 가르침은 사역이다. 가르침을 사역으로 은유하는 것은 교사로서의 경험을 특성화한 것으로 교사들이 분반공부의 주제, 중심내용, 교수(敎授)전략에 초점을 두어 준비하는 것을 강조한 것이다. 실제로 주일학교 교사는 사역을 위하여 많은 준비를 해야 한다. 성경공부 시간에 성경내용을 어떻게 도입하고, 어떻게 전개하며, 어떻게 마무리하며, 어떻게 반학생들의 주의를 집중시킬 것인가를 연구하고 준비한다.

다섯째, 가르침은 안내사역이다. 가르침은 야외공간이나 어린이 박물관 같은 곳에서 스스로 탐구하게 하는 학습게임과 같다. 주일학교 교사는 정해진 목표와 범위에 따라 교수내용을 만들고 그 내용을 반학생들에게 보여주는 신앙안내인과 같다. 세련된 가이드는 여행자들에게 관광지에 대한 호기심을 불러 일으켜 관광을 흥미롭게 만들듯이 주일학교 교사는 반학생들로 하여금 배울 성경의 본문에 대한 호기심을 불러일으킴으로 학습의 효과를 증대시키는 역할을 한다.

그러므로 반목회를 다시 정의하자면 이는 교사의 본질로서 반학생들을 성경말씀으로 인도하고, 배우고자 하는 학습동기를 일으키며, 반학생들의 수준에 맞추어 교육내용을 제시하여 예수님을 그들의 구주로 알고, 영접하고, 말씀에 따라 헌신하며 살게 하는 것이다.

3. 반목회의 목표

반목회의 목표는 그 사역의 본질과 내용의 관점에서 찾아볼 수 있다. 곧 주일학교 교사가 각 반에서 사역하는 분야는 성경교수, 신앙지도, 생활지도 등으로 구분할 수 있다. 그러므로 반목회의 목표도 크게 세 영역으로 나눌 수 있다.

성경지식의 증가

주일학교 교육의 목표인 반학생들을 온전한 그리스도인이 되게 하기 위해서는(엡 4:12) 하나님의 뜻을 알게 해야 한다. 반학생들이 하나님의 뜻을 알기 위해서는 성경지식이 있어야 한다. 성경지식이 없이는 하나님의 뜻을 알 수 없을 뿐 아니라 하나님의 뜻을 행할 수도 없다. 그러므로 이러한 주일학교 교육의 목표를 추구하기 위해서는 반학생들로 하여금 성경지식을 더 많이 갖게 해야 한다. 성경지식을 갖게 함으로써 반학생들로 자신을 향하신 하나님의 뜻을 발견하게 된다.

교사는 반학생들에게 성경지식을 가르치되 그 시기도 가능한 한 빨라야 한다. 디모데처럼 대부분의 유대인들은 어려서부터 성경을 배웠다. 바울이 디모데에게 "또 네가 어려서부터 성경을 알았나니 …"(딤후 3:15)라고 한 말씀에서도 알 수 있다. 디모데는 루스드라 출신으로 그의 어머니는 유대인이고 아버지는 헬라인이다(행 16:1). 디모데의 어머니 유니게는 경건한 사람이었고, 거짓이 없는 믿음을 가지고 있었는데(딤후 1:5) 그는 경건과 믿음을 아들에게 열심히 가르쳤다. 유대인들은 자신의 믿음을 자녀들에게 가르치는 것을 의무로 생각한 전통에 따라 유니게도 디모데에게 성경을 가르치는 것을 의무로 생각하였던 것이다.

이러한 유대 전통에 따라 한 랍비는 "소년이 다섯 살이 되면 성경공부를 해야 한다"고 하였고 또 다른 랍비는 (신 11:19) "소년이 말하기 시작하면 아버지는 그와 성경이야기를 나누고, 율법을 가르쳐야 한다. 그렇게 하지 않으면 그를 땅에 묻어 썩히는 것과 같다"고 하였다. 디모데가 성경을 "어려서부터" 알았다는 말은 여러 의미를 갖고 있다.

첫째, 가능한대로 어릴 때부터 성경을 가르쳐야 한다는 뜻이다. 유대인들은 집에서 부모가 자녀들에게 신앙교육을 하였는데 주일학교가 시작한 이래로 특히 미국에서 주일학교가 설립되면서 체계적으로 성경을 교육하게 되었다. 그리고 20세기에 들어오면서부터 이러한 주일학교의 발달에 따라 나이별로 부서를 분리하였는데 현재는 대부분의 교회에서 영아부, 유아부, 유치부, 유초등부, 중고등부. 청년부 등으로 구분하고 있다. 0세에서 2세까지의 영아부를 설치하여 운영하는 것은 그들이 자신의 의사를 말로 잘 표현하지 못하더라도 그들에게 하나님의 말씀을 가르침으로 어릴 때부터 신앙으로 양육할 수 있기 때문이다.

둘째, 어릴 때 성경교육은 아이에게 큰 영향을 끼침을 말한다. 특히 다섯 살이 되기 전에 받은 교육은 평생을 간다. 우리 속담에도 "세살 버릇이 여든까지 간다"는 말이 있는 것처럼 어릴 때 받은 교육은 오래 간다. 성경구절을 암송하는 일에서도 보면 어려서 혹은 젊어서 외운 성경구절(聖經句節)은 나이가 들어서도 잘 잊어버리지 않는다. 그러나 나이가 들어서 성경을 외우게 되면 젊은 시절보다 더 많은 시간을 들여야 할 뿐 아니라 외운 성경구절도 쉽게 잊어버리는 경험을 한다. 또한 어릴 때 성경지식을 갖게 되면 그의 평생에 걸쳐 오랫동안 그 말씀의 영향을 받을 수 있지만 나이가 들어서 성경지식을 갖게 되면 말씀을 묵상하고 순종할 기간도 짧아지게 되므로 그 영향도 적어지기 때문이다.

셋째, 주일학교에서는 성경을 가르쳐야 함을 말한다. 주일학교 분반공부 시간 혹은 성경공부 시간은 주일학교 교재들이 보여주는 그대로 성경을 가르치는 시간이다. 그러나 주일학교 교사 중에는 성경을 가르치기 보다는 세상적인 이야기로 시간을 허비하는 교사들도 있다. 그러나 이런 교사의 태도는 옳지 못하다. 성경을 가르치는 시간에는 성경을 가르쳐야 한다. 또한 주일학교 교재 중에는 성경말씀을 중심으로 하기보다 다양한 사회적 이슈들을 중심으로 하는 교재들이 있으므로 지도자는 교재선택을 하는데 있어서도 신중을 기해야 한다.

넷째, 교사들은 어린아이들에 관심을 가져야 함을 의미한다. 성경공부시간이라고 하여 성경지식의 전수만을 생각해서는 안된다. 참다운 교육은 지식의 전달보다 반학생들에 대한 사랑, 즉 관심을 통하여 이루어지기 때문이다.

그러면 주일학교 교사는 반학생들로 하여금 왜 성경지식을 갖게 해야 하는가? 그 이유에 대하여 사도 바울은 "모든 성경은 … 교훈과 책망과 바르게 함과 의로 교육하기에 유익하니 이는 하나님의 사람으로 온전케 하며 모든 선한 일을 행하기에 온전케 하려 함이니라"(딤후 3:16-17)고 하셨다. 여기에서 바울은 성경지식이 가져다주는 영적인 기능을 제시하고 있다. 성경은 영적인 삶의 표준이 될 뿐 아니라 일상적인 삶에도 표준이 된다.

미국의 수도인 워싱턴 시(市)에 위치한 표준국(標準局)에는 미국에서 사용되는 길이나 무게를 정확히 재는 표준(標準)이 보관되어 있다. 사용하고 있는 저울이나 자가 정확한지를 판단할 때 표준국에 보관되어 있는 저울과 자를 사용한다. 마찬가지로 성경도 표준 곧 영적 삶의 표준을 제시해준다. 성경이 필요한 이유는 사람의 양심은 죄로 말미암아 온전하지 못하기 때문이다. 그래서 사람마다 행동과 생각이 다르게 된다. 어떤 마음과 생각 그리고 행동이 올바른가를 판단하고 결정하는데 표준이 되는 것이 성경이다.

위에서 바울 사도는 우리가 성경지식을 가지고 있을 때 우리가 얻을 수 있는 것 네 가지에 대하여 곧 교훈, 책망, 바르게 함과 의로 교육하는 방법에 대하여 살펴보자.

첫째는 교훈이다. 디모데전서 4:16에는 '가르침'이라고 되어 있다. 주일학교 교사는 반학생들에게 성경을 가르쳐야 함을 말한다. 디모데전서 5:17에서 말하는 가르침은 하나님의 말씀에 대한 지식을 전하는 것을 말한다.

둘째는, 책망이다. 주일학교 교사는 아직 영적으로나 지적으로 그리고 육체적으로 약한 반학생들이 온전한 사람이 되게 하려면 말씀에 근거하여 가르칠 뿐 아니라 잘못된 생각, 말, 행동을 할 때는 책망해야 한다. 행위에 잘못이 있을 때 사랑으로 책망을 하게 되면 그 당사자만이 아니라 다른 사람들도 보호할 수 있다. 디모데전서 5:20은 "범죄한 자들을 모든 사람 앞에 꾸짖어 나머지 사람으로 두려워하게 하라"고 한 말이 그 의미이다. 교사는 전체 반학생을 위해서라도 잘못하는 반학생을 책망해야 한다.

셋째는, 바르게 함이다. 주일학교 교사는 소극적으로는 잘못을 범하는 반학생을 잘못된 길에서 벗어나게 해야 할 뿐 아니라, 적극적으로는 그를 옳은 길로 인도해야 할(단 12:3) 책임과 의무를 가지고 있다. 여기서 말하는 '바르게 한다' 는 것은 '생활을 개혁하여 바르게 한다' 는 뜻을 가진다. 곧 성경은 사람의 생각과 생활의 개혁의 수단이 됨을 말한다. 실제로 그리스도인들이 말씀을 꾸준히 읽고, 묵상할 때는 그들의 생활도 바르고, 경건해진다. 그러나 말씀을 멀리할 때는 그들의 삶도 흐트러진다.

넷째는, 의로 교육하는 것이다. 이 말은 정의의 원칙에 근거하여 교훈함을 말한다. 사람은 무엇이 올바른 것인가를 알아야 하고, 또 확신해야 하는데 이를 위해서는 진리를 배워야 한다. 사도 바울이 디도에게 보내는 편지에서 "모든 사람에게 구원을 주시는 하나님의 은혜가 나타나, 우리를 양육하시되 경건치 않은 것과 이 세상 정욕을 다 버리고 근신함과 의로움과 경건함으로 이 세상에 살고, 복스러운 소망과 우리의 크신 하나님 구주 예수 그리스도의 영광이 나타나심을 기다리게 하셨으니, 그가 우리를 대신하여 자신을 주심은 모든 불법에서 우리를 구속하시고 우리를 깨끗하게 하사 선한 일에 열심하는 친 백성이 되게 하려 하심이니라"(딛 2:11-14)고 하셨다.

이렇게 교훈하고, 책망하고, 바르게 하고 의로 교육함으로써 교사가 맡은 반학생들을 '온전한 사람'이 되게 할 수 있다. 온전한 행동은 이러한 온전한 사람에게서 나온다.

신앙의 성숙

주일학교 교사가 맡은 반에서 학생들을 지도할 때 핵심 사역은 성경지식을 가르치는 일이다. 그러나 성경지식의 전수가 교사의 최종목표는 아니다. 교사의 최종목표는 "다 하나님의 아들을 믿는 것과 아는 일에 하나가 되어 온전한 사람을 이루어 그리스도의 장성한 분량이 충만한 데까지 이르게"(엡 4:13) 하는 것이다. 이렇게 되면 주일학교 교사들은 반학생들로 하여금 "온전케 하며 봉사의 일을 하게하며 그리스도의 몸을 세우는"(엡 4:12) 일을 하는 그리스도인이 되게 할 수 있다.

교사는 왜 반학생들이 성경을 알고, 온전한 사람이 되고, 그리스도의 장성한 분량에 이르도록 해야 하는가? 바울 사도는 그 이유를 "이제부터 어린 아이가 되지 아니하여 사람의 궤술과 간사한 유혹에 빠져 모든 교훈의 풍조에 밀려 요동치 않게 하려 함이라 오직 사랑 안에서 참된 것을 하여 범사에 그에게까지 자랄지라 그는 머리니 곧 그리스도라"(엡 4:14-15)고 말한다. 바울의 이 말씀이 교사들에게 주는 교훈은 첫째, 주일학교 교사들은 반학생들을 예수 그리스도를 믿는 신앙으로 지도하여 하나님의 나라와 사회 그리고 교회를 위하여 필요한 그리스도인이 되도록 교육해야 한다. 주일학교는 믿지 않고, 가난하고, 문제가 많은 아이들에게 지식과 신앙을 가르치기 위하여 시작하였다가 후에는 새로운 신자나 그리스도인 가정에서 태어난 자녀들에게 성경을 체계적으로 가르치는 사역을 하게 되었다. 그러므로 교사의 사역은 성경을 가르침을 통하여 세상이 필요로 하는 그리스도인을 육성하는 일이 되어야 한다. 둘째, 반학생들에게 예수 그리스도에 대한 신앙과 지식을 풍성하게 하여 기쁨으로, 자발적으로 그리고 적극적으로 예수 그리스도를 개인의 구주로 삼고 평생토록 그리스도인으로 살아가도록 지도하고 인도해야 한다. 셋째, 반학생들이 누가복음 2:52이 말하는 예수님처럼 "그 지혜와 그 키가 자라가며 하나님과 사람에게 더 사랑스러워" 가는 삶을 살도록 자라게 해야 한다. 이러한 목표를 생활가운데서 성취하기 위해서는 교사들은 "네 마음을 다하고 목숨을 다하고 힘을 다하며 뜻을 다하여 주 너의 하나님을 사랑하고 네 이웃을 네 몸과 같이 사랑하라"(눅 10:27)고 하신 예수님의 교훈을 실천에 옮기도록 해야 한다. 곧 반학생들로 하여금 예수님의 생활을 닮아 살아가도록 지도해야 한다. 넷째, 반학생들을 그리스도인의 신앙과 정신으로 가르치고 훈련하여 그리스도의 교회와 그리스도인이 속한 세상적인 사회에 필요한 일원이 되도록 가르쳐야 한다.

주일학교 교사가 목표로 하는 신앙의 성숙이란 성경지식과 교리를 효과적으로 실천하는 것을 포함한다. 성경을 가르치는 것을 통하여 교리를 알게 하고 이러한 교리를 삶에 접목하여 믿음을 성숙하게 함으로써 그리스도인의 삶을 살게 해야 한다. 개신교의 핵심 교리의 하나는 모든 신자가 제사장 직분을 실천하는 것이다. 이러한 개신교의 교리가 반목회를 통해서도 여러 방편으로 실천될 수 있다. 평신도들이 교사로 자원하여 섬길 뿐 아니라 반학생들로 하여금 하나님의 사역에 참여하게 하는 것이 그것이다. 예수님께서 제자들에게 말씀하시기를 "추수할 것은 많되 일군은 적으니"(마 9:37)라고 하셨는데 이는 많은 사람들이 말씀을 가르치고 전도하는 일에 참여하게 하는 것이 우리가 고백하는 교리의 실천이다.

양적 부흥

부흥은 두 가지의 뜻을 가지고 있는데 그 중의 하나는 영적 혹은 질적 부흥이다. 이는 위의 "신앙의 성숙"에서 말한 내용이다. 다른 하나는 여기서 말하고자 하는 양적 부흥이다. 교역자 뿐 아니라 반(班)을 담임하는 주일학교 교사도 양적 부흥에 대한 부담과 함께 열망(熱望)을 가지고 있다. 주의 일을 부담을 가지고 하는 것은 바람직한 일은 아니지만 이러한 부담이나 염려는 도리어 하나님 보시기에 아름다운 것이다. 바울 사도는 "하나님의 뜻대로 하는 근심은 후회할 것이 없는 구원에 이르게 하는 회개를 이루는 것이요 세상 근심은 사망을 이루는 것이니라"(고후 7:10)고 하였다. 주의 일을 인한 교사들이 하는 근심은 하나님을 기쁘시게 한다.

이러한 양적 부흥을 위하여 주일학교 교사가 할 수 있는 일들이 있다.

첫째는, 말씀을 잘 준비하여 가르치는 일이다. 말씀을 잘 준비하여 가르치면 반학생들이 영적인 만족함을 얻어 결석이 줄어들고 기쁨으로 교회에 나오게 되는데 이렇게 결석생의 수(數)를 줄이는 것도 부흥의 한 방법이다.

둘째는, 반학생들을 위하여 날마다 기도의 제단을 쌓는 일이다. 기도는 거리가 멀어도 상관이 없다. 요즘은 미국에 전화를 해도 옆집에 전화하는 것처럼 빠르게 접속되고 소리도 아주 맑다. 그러나 기도는 전화보다 더 빠르게 하나님과 접속되고 더 분명하게 전달된다. 요즘은 통신시설이 크게 발달했다고는 할찌라도 통화음이 날 때는 상대방과 대화할 수가 없다. 기다려야 한다. 그러나 지금 이 순간에도 아무리 많은 사람이 기도로 하나님과 통화하고 있다고 해도 나도 기도하기만 하면 아무 때든지 어디서든지 하나님과 통화할 수 있다. 기도로 한 주간을 준비했을 때는 바쁘게 한 주간을 지난 다음에 주일에 반학생들을 만났을 때와는 달리 영적으로 인간적으로 더욱 반갑고 깊은 유대감을 느낄 수 있다. 반학생들이 주일학교를 사모하는 마음이 생기게 하는 것이 교사들의 기도이다.

셋째는, 반학생들을 주간(週間)에도 자주 전화심방을 하는 일이다. 전화를 통하여 그들의 안부를 묻고 생활을 묻고 지도하고 주일에 반갑게 만날 것을 약속하면 다른 일로 주일학교를 빠지는 일이 줄어들 것이다. 지금은 다수의 반학생들이 인터넷을 사용하므로 교사는 이메일(e-mail), 메신저(messenger) 등을 통해서도 만나거나 소식을 나눌 수 있다.

넷째는, 반학생 각 사람에 대한 관심의 표시를 통하여 학급의 분위기를 부드럽게 하는 일이다. 주일학교 공과공부시간에 반갑게 반학생들을 맞이하며, 칭찬하는 말을 하며, 서로를 돌아보게 하여 전체 반학생들이 서로 잘 융화하도록 한다. 이를 위하여 교사와 전체 반학생들이 서로에게 친구가 되며 교사는 반학생들을 사랑하고 반학생들은 교사와 친구들을 존중하는 분위기를 만든다.

이러한 부흥의 핵심은 주일학교 교사이다. 교사에 따라 그 반이 부흥할 수도 있고 쇠퇴할 수도 있다. 반이 부흥하기 위해서 교사에게 필요한 자질에는 무엇이 있을까를 생각해보자.

첫째, 반학생들의 영혼을 사랑하는 교사가 되어야 한다. 만일 교사가 진정으로 반학생들을 사랑한다면 바쁜 중에도 가르칠 성경말씀 혹은 공과를 잘 준비할 것이다. 만일 교사가 진정으로 반학생들을 사랑한다면 그들을 위하여 간절히 지속적으로 기도할 것이다.

둘째, 소명감을 가진 교사가 되어야 한다. 세상의 일은 사명감(使命感)을 가지고 일해야 좋은 결과를 얻을 수가 있다. 그러나 주의 일은 사명감이 아니라 소명감(召命感)을 가지고 일해야 한다. 사명감을 가질 때는 최선을 다했으나 결과가 좋지 않을 때는 실망하기도 하고 절망에 빠져 자포자기 하기도 한다. 반대로 결과가 좋을 때는 자신을 과신하고 내세우려는 자만감에 빠지기도 한다.

그러나 소명감을 가지고 일을 할 때는 결과가 좋지 않을 때는 하나님의 능력주심을 간구하고, 자신의 부족함이 무엇인지를 찾아보려고 하고, 하나님의 뜻이 무엇임을 깨닫게 되면 좌절하지 않고 끝까지 헌신하게 된다. 또한 소명감을 가지고 일을 하면 결과가 아주 좋을 때도 자신의 능력이나 헌신 때문에 부흥한 것이라 생각하고 교만해지는 것이 아니라 하나님의 인도하심과 성령의 능력으로 된 것으로 알고 더욱 감사와 기쁨으로 헌신하게 한다.

셋째, 하나님의 영광을 위하여 일하는 교사가 되어야 한다. 교사로 헌신하는 것도 하나님의 영광을 위한 것이어야 하고, 말씀을 준비하는 것도 하나님의 영광을 위한 것이어야 하고, 반학생들을 사랑하는 것도 하나님의 영광을 위한 것이어야 한다. 현실에서는 때로는 힘들고 지친다고 할지라도 충성된 자에게 하나님께서 하늘나라의 귀한 것으로 상주심을 생각하며 헌신해야 한다.

4. 반목회의 방법

주일학교 교사는 한 반을 맡아 가르치는 사람이다. 그는 교사로서 소명감이 있고, 가르치는 은사가 있고, 반학생들을 사랑하고, 가르치는 성경내용을 알고, 기독교적인 세계관을 가진 사람이다. 그러나 이것은 어디까지나 가르치기 위한 준비이다. 이러한 준비는 아주 중요하나 이를 운동선수에 비교하여 말하자면 훈련이라고 할 수 있다. 운동선수가 아무리 훈련을 많이 하였더라도 실제경기에서 자신의 실력을 나타내야 경기에서 승리할 수 있다.

마찬가지로 교사도 모든 준비가 완료되었더라도 영적 전투장(戰鬪場)이라고 할 수 있는 각 반에서 실력을 발휘해야 효과를 볼 수 있다. 그러면 교사가 영적 전투장인 반에서 승리할 수 있는 방법들을 생각해보려고 한다.

영적인 교사되기

교사가 성경을 가르치는 반에서 승리할 수 있기 위해서는 영적이어야 한다. 성경을 가르친다고 해서 영적인 교사가 되는 것은 아니다. 영적인 교사의 특징은 첫째, 반학생들로 하여금 하나님과 친구가 되게 하고, 둘째, 반학생들이 천국으로 순례하는데 필요한 이정표가 되고, 셋째, 반학생들에게 지속적으로 영적인 갈증과 영양분을 해결해주고, 넷째, 반학생들의 마음, 생각, 말 그리고 생활습관을 변화시켜주고, 다섯째, 반학생들로 하여금 하나님을 알게 하고 사모하게 하도록 동기를 유발한다.

교사가 영적이라는 것은 무엇인가? 첫째, 교사가 자신의 지식과 경험에 의지하지 않고 성령께서 주시는 은사를 의지하는 자세이다. 성령께서는 교사들을 능력과 소원으로 무장시켜 주신다. 이러한 성령의 능력은 영적 통찰력(고전 12:8, 10), 가르치고자 하는 동기부여(딤후 1:6-7), 그리고 효과적으로 가르칠 수 있는 능력(딤후 2:24)을 포함한다. 둘째, 성령의 역사로 교사의 속사람이 하나님의 형상을 회복한 상태를 말한다. 교사들의 속사람이 하나님의 형상을 회복해가는 방법에 대해 사도 바울은 "우리가 다 수건을 벗은 얼굴로 거울을 보는 것 같이 주의 영광을 보매 저와 같은 형상으로 화하여…"갔다고 말한다. 그러한 하나님의 형상의 회복은 "… 주의 영으로 말미암음이니라"(고후 3:18)고 하였다. 성령께서 그 속에서 역사하는 영적인 사람의 속사람은 하나님의 형상을 회복하게 됨을 말한다. 이러한 변화는 예수님을 주님으로 영접하였다고 해서 자동적으로 일어나는 것은 아니다. 이러한 변화는 교사가 날마다 헌신의 삶을 살 때 일어난다. 바울은 로마의 성도들에게 "형제들아 내가 하나님의 모든 자비하심으로 너희를 권하노니 너희 몸을 하나님이 기뻐하시는 거룩한 산제사로 드리라 이는 너희의 드릴 영적 예배니라 너희는 이 세대를 본받지 말고 오직 마음을 새롭게 함으로 변화를 받아 하나님의 선하시고 기뻐하시고 온전하신 뜻이 무엇인지 분별하도록 하라"(12:1-2)고 권고하였는데 이러한 헌신된 삶을 통하여 하나님의 형상을 회복할 수 있기 때문이다. 셋째, 성령의 조명을 받아 사역함을 말한다. 성령의 조명을 받아 참 진리를 이해하고 깨닫는 교사는 영적인 교사다. 바울 사도는 에베소 성도들이 그러한 사람들이 되기를 원하여 그들을 위하여 "마음 눈을 밝히사 그의 부르심의 소망이 무엇이며 성도 안에서 그 기업의 영광의 풍성이 무엇이며, 그의 힘의 강력으로 역사하심을 따라 믿는 우리에게 베푸신 능력의 지극히 크심이 어떤 것을 너희로 알게 하시기를 구하노라"(엡 1:18-19)고 기도하였다.

성령께서 교사에게 조명하시는 방법은 교사로 하여금 성경말씀의 의미를 깨닫게 하시고 또한 그것을 하나님께로부터 온 것으로 알고 받게 하신다. 이러한 영적인 자세는 반학생들을 대하는 것에서도 드러난다. 영적인 교사는 반학생들을 가르치는 일에 있어서도 자신의 지식, 경험, 언변(言辯)에 의지하지 않고 기도로 먼저 무장하고 성령의 조명을 간구한다.

미국 플로리다 주의 포트 로더데일(Fort Lauderdale)에 있는 코랄리지(Coralridge) 장로교회에서 전도폭발(Evangelism Explosion) 프로그램이 시작되었다. 이 교회에는 매년 미국 전역에서 목회자들이 와서 낮에는 강의를 듣고 저녁식사 후에 인근의 아파트 단지로 전도훈련을 나간다. 그 교회에서 전도훈련 교사로 사역하는 그 교회의 전도왕 집사님이 있었다. 그는 전도훈련을 가는 목사님들과 함께 전도하러 가기 전에 먼저 간절한 기도를 하자고 청한다. 그 이유는 전도를 막으려는 마귀와의 전투는 전도현장이 아니라 전도를 떠나기 전에 결판이 난다고 확신하기 때문이다.

전도할 때만 아니라 주일학교에서 가르칠 때도 영적인 교사가 필요하다. 교사가 기도와 말씀이라는 영적 무기로 무장하고 가르칠 때는 마귀가 틈을 타지 못한다. 마귀는 계속 반학생들의 영혼을 유혹하는데 이 마귀와의 싸움에서 반학생들의 영혼을 지키기 위해서는 영적인 교사가 되어야 한다.

헌신과 섬김의 마음

교사는 헌신과 섬김의 마음으로 반학생들을 가르쳐야 한다. 기독교는 섬김의 종교이다. 섬김의 본은 예수님께서 먼저 보여주셨다. 요한복음 13장에서 예수님의 섬김을 볼 수 있는데 예수님께서 "저녁 잡수시던 자리에서 일어나 겉옷을 벗고 수건을 가져다가 허리에 두르시고, 이에 대야에 물을 담아 제자들의 발을 씻기시고 그 두르신 수건으로 씻기기를 시작하여, 저희 발을 씻기신 후에, 내가 주와 또는 선생이 되어 너희 발을 씻겼으니 너희도 서로 발을 씻기는 것이 옳으니라 내가 너희에게 행한 것 같이 너희도 행하게 하려 하여 본을 보였노라"고 말씀하셨다. 또한 바울은 데살로니가 성도들이 그리스도의 믿음 안에서 자라도록 하기 위하여 "하나님의 복음뿐 아니라 우리의 목숨까지도 너희에게 주기를 기뻐"(살전 2:8)하였던 것에서 데살로니가 성도를 향한 그의 헌신과 섬김을 볼 수 있다.

교사로서 반학생들을 대할 때 예수님과 사도 바울의 섬김의 마음과 자세를 본받아야 한다. 비록 반학생들이 나이가 어리고 아직 인격적으로 부족하다고 할지라도 그들을 섬기는 마음으로 대할 때 반목회는 은혜롭게 잘 이루어질 수 있다.

인격적으로 대우함

교사는 반학생들을 인격적인 자세로 가르쳐야 한다. 인격이란 무엇인가? 사전적 의미로는 "사람으로서의 품격"이다. 곧 반학생들을 나이, 지식, 경험 등에서 약자라고 하여 무시하는 것이 아니라 교사와 같은 인격을 지닌 존재로 대함을 의미한다. 이렇게 인격적으로 대한다는 것은 '반학생들을 사랑한다' 는 것을 의미한다. 그들을 사랑하게 되면 자연히 인격적으로 대하게 된다. 어떻게 하는 것이 반학생들을 사랑하는 것인가? 사도 바울은 고린도 전서에서 "사랑은 오래 참고 사랑은 온유하며 투기하는 자가 되지 아니하며 사랑은 자랑하지 아니하며 교만하지 아니하며, 무례히 행치 아니하며 자기의 유익을 구치 아니하며 성내지 아니하며 악한 것을 생각지 아니하며, 불의를 기뻐하지 아니하며 진리와 함께 기뻐하고, 모든 것을 참으며 모든 것을 믿으며 모든 것을 바라며 모든 것을 견디느니라"(13:4-7)고 하였다. 곧 그들을 사랑한다는 것은 오래 참고, 온유하고, 무례히 행치 아니하고, 성내지 아니하며, 믿고, 견디는 것을 말한다. 이렇게 반학생들을 대하는 것이 인격적인 자세이다.

개인에 대한 관심

교사는 반학생들 한 사람 한 사람에게 관심을 가지고 가르쳐야 한다. 관심을 갖는다는 것은 반학생들 각 사람의 형편과 사정을 알고자 하는 자세이다. 교사가 반학생들에게 관심을 갖는다는 것은 그들을 만나게 되면 반갑게 대하고, 친절을 베풀며 그들 간에 서로를 돌아보게 하며 소속감을 느낄 수 있도록 품어주는 것을 말한다. 그리고 결석을 할 때는 전화를 하여 사정을 알도록 노력하며, 평소에도 이메일(e-mail)이나 쪽지 혹은 편지를 통하여 관심을 보인다.

어떻게 하면 교사가 반학생 개개인을 잘 알 수 있을까? 그들과 함께 시간을 보내며 대화를 꾸준히 하는 것이 좋은 방법이다. 그러나 반학생들이 학교공부와 개인적인 성향으로 말미암아 함께 시간을 내기가 쉽지 않다. 그러할 때 반학생들에게도 큰 부담을 주지 않고 교제를 나누기 위해서는 주일 교회에 오는 시간을 최대한으로 활용하는 방법이 있다. 그러나 무엇보다 중요한 것은 이러한 대화와 만남 이전에 교사는 자신의 반학생들을 날마다 하나님 앞에 내어놓고 하나님께 부탁하고 하나님의 보호와 인도하심을 간구하는 것이 반목회자로서 최고의 무기임을 잊어서는 안된다.

✤ 학습 문제

1. 반목회의 의미를 설명하시오.

2. 반목회의 본질에 대하여 설명하시오.

3. 반목회의 목표에 대하여 설명하시오.

4. 양적 부흥을 위해 교사가 해야 할 일이 무엇인지 설명하시오.

5. 반의 부흥을 위하여 교사가 갖춰야 할 자질이 무엇인지 설명하시오.

6. 반목회의 방법에 대하여 설명하시오.

7. 영적인 교사의 특징에 대하여 설명하시오.

8. 교사가 영적이라는 것이 무엇인지 설명하시오.